心 语

翟玉平 著

文匯出版社

目 录

青柿子的滋味	001
只缘同根生	020
燕归来	040
心语	062
马儿啊，你慢些走	086
白色公主裙	107
话儿向谁说	117
大哥牌菜泡饭	139
同桌	151
心恋	170
永不失落的小雨鞋	189
记忆里的黑牛	195
后记	201

青柿子的滋味

星期一早晨，树叶的清香随着初秋的微风一阵阵飘来，晓琳站在教室不远处一棵大树下，手捧英语课本，正迷惘地望着远方。今天，她提早做完了值日，想预习一下英语课文。

晓琳长得纤秀，白嫩，小小的脸上，一双月牙似的细眼，细得可爱，穿着一件雅致的淡黄色衬衫，这是妈妈为她转学特意做的——是第一件属于她自己的的确良衣服，妈妈赶了大半天到县城才买到的布料呢。她很喜欢这件挺括的淡黄色衬衫，因为，这件衣服总会带给她特别的感觉。像现在这样，一个人站在初秋的晨曦里，时不时有风将衬衫吹得一鼓一鼓的。此时，她心里慢慢地溢出一种似感伤又似快慰的情绪。她弄不清楚为什么，只是一味沉浸在这样的氛围里，站着一动不动。

这时，教学楼那边传来一阵踢踢踏踏的脚步声，还有几个男生的说笑声。

晓琳一边合上课本向教室走去，一边循声张望，看到教学楼拐弯处走过来一帮男生，他们是来晨跑的。晓琳一眼看见跟在后面的张忆东，他穿了件扎眼的红色运动背心，白衬衫搭在右肩。王丰和宋达走在他前面，他们都是晓琳一个班上的，与晓琳一样升入高三才一周。晓琳认识他们每一个人，特别是张忆东，是晓琳转学后认识的第一个男生。

高三开学的那天早上,张忆东在学校主要通道的醒目处出黑板报,陈洁领着晓琳走近张忆东时,欢快地说了声:"张忆东,好了吗?"陈洁是晓琳的邻居,也是副班长。她正领着转学过来的晓琳到班里上课呢。

"嗯,好了。"说着,张忆东放下粉笔盒,拍了拍手上的粉笔灰,然后转过身来。他是班长,是那种高大英俊、浑身散发着无穷魅力的男生,看着你时的眼睛沉沉稳稳的,就好像把你锁住了似的。

那一瞬间,晓琳感觉有两道格外强烈的光芒落在自己脸上。不知怎的,她的脸红了,且一阵阵热起来。她鬼使神差地抬起双眼,忍住怦怦的心跳,勇敢地回望张忆东的眼睛。四目交汇,一刹那,只是一刹那,他们已擦肩而过。可晓琳随即涌起一股股莫名的快感,尤其是那两道强烈的目光,啃进了她心里。

王丰和宋达向晓琳点了点头,蹦跳着进了教室,留下了张忆东。

这时,教室门口空无一人,晓琳又一次将目光投向张忆东,正像那天通道里初相遇时那样。在张忆东的注视下,晓琳再次涨红了小脸。她垂下眼帘,感受着他一步步地走近,在擦肩而过的一瞬间,晓琳突然在心里狂热地期盼他能与自己说句话,哪怕一个字,对,只要一个字!可是,来不及了!汗湿衣背的张忆东急匆匆地走过去。晓琳就这么呆呆地站着,目送他慢慢坐到座位上,自己才缓缓走过去落座。幸好,上课铃响了,张忆东带着磁性的"起立"口令,及时抚慰了晓琳失落的心。

这天放晚学，刚走出教室的晓琳，便看到张忆东斜背着书包，正同吴倩倩说话。邻班的吴倩倩是陈洁的堂姐，也是校团总支副书记。谁都知道她是学生干部中的大哥大。

"张忆东！"陈洁嗲声嗲气地叫一声，便牵着晓琳的手略带生硬地走过去。陈洁是晓琳转学后第一位好朋友，每天她俩都挽手同行。

"还不回家？"倩倩问。

"就回去。"陈洁说，"你跟我们一起走吗？"

倩倩爽快地说："你们先走吧，我和张忆东还要讨论点事。"倩倩落落大方，没有丝毫遮遮掩掩。这个女孩水灵灵的，增一分太胖减一分太瘦，着一件粉底白花的衬衫，再配上米色长裤，优雅又靓丽。

晓琳不禁被她吸引，尤其是她和张忆东坦然相处的样子。晓琳总觉得自己毫无出众之点，既没有陈洁的泼辣劲儿，也不能像倩倩那样跟男生坦然地说话。望着倩倩和张忆东并肩而立，真像一对"天仙配"，不知为什么，晓琳心里涌起了一丝嫉妒，甚至有点沮丧，纤细的身子仿佛被柔和的阳光化了似的，一点点小下去。就在今天早上，晓琳还热切地期盼张忆东能同自己说句话，可现在，她把头压得低低的，竟然不敢抬眼迎接他明亮的目光。

"我们先走了，你们聊。"陈洁挽起晓琳的胳膊就走，刚走几步又回头说，"喂，听说你马上要参加西桥片（大约六个公社的中学为一个片）运动会了？"陈洁抬高嗓门询问张忆东。

张忆东耸耸肩，反问一句："你知道啊？"就把陈洁堵回去了。

陈洁有点失望,撅起嘴巴,牙缝里蹦出几个字:"哼!不说拉倒!"陈洁挽着晓琳继续走,可没走两步,又回头撂了一句,"到时,可别忘了告诉我,还有晓琳,我们可要来为你加油的。"

一个多月过去了,为期三天的西桥片中学生田径运动会,如期在晓琳所在的西桥中学举行。

晓琳知道张忆东有三个项目,今天上午要跑1500米。昨天女生们就嚷嚷着要去为他加油呢。

跑道离司令台很近,晓琳刚把自己撰写的关于张忆东勤学苦练的报道交给现场的广播员,就匆匆赶到司令台,她是本次运动会的"特邀记者"。

晓琳朝跑道东张西望,跑道两侧密密麻麻地挤满了人,陈洁和班上的同学聚在一块儿,为张忆东加油助威。昨天,晓琳就看到,陈洁和几个同学做了写着"忆东,加油!"的条幅。稍停,发令枪一声响起,加油的呐喊声更激烈了。慌乱中的晓琳,还没看清张忆东是如何起跑的,就见他已迎风奔跑起来,额前的乌发有趣地高高竖起,一副轻巧矫健的帅样。

这时,晓琳忽然意识到了什么,目光有意无意地飘向司令台,倩倩正站在司令台的一角看比赛。本来这也没什么,可是,这时的倩倩,偏偏与平常落落大方的模样判若两人:她时不时心虚地东瞅瞅西瞧瞧,在确定没人注意她时,就把脖子伸向跑道方向,要是热切的目光触及张忆东,就会忘情地握拳抬臂,不迭呼喊:"忆东加油!忆东加油!⋯⋯"周围同学莫名其妙地看着倩倩直摇头。因为,尽管整个赛场热闹非凡,司令台上却还比较安静。大约从别人的眼神里觉得了自己的失态,她的脸上便不由自主地浮现出飘忽的红色，甚至还有点失魂落魄。

此时此刻，倩倩的那点小心思晓琳已心知肚明。身为校学生干部的倩倩，关注的倒不是全校的运动员，而仅仅是穿着5号蓝色运动服的张忆东。或许，在倩倩眼里，张忆东是那种好得不能再好的男生了。晓琳之所以如此注意倩倩对张忆东的关注，也许不能再用简单的"好奇心"三个字来解释了，说白了就是：晓琳和倩倩一样，喜欢的男生同是完美的张忆东。

当天中午，因为晓琳采访一位"轻伤不下火线"的运动员而误了午餐时间。她饿着肚子，有气无力地走进食堂，一看饭菜已卖得精光，只得拖拉着离开这里，打算到学校附近的小店去买两根油条充饥。没想刚踏进小店，猛然发现张忆东也坐在那里。晓琳的目光和他对视了一两秒后，就像触电似的赶紧避开，移到穿了白围裙做油条的师傅身上。

晓琳和张忆东仿佛有默契似的，谁也不看谁，谁也不说话，只是看着师傅做油条。师傅在大案板上和好面团，将它切成长条子，再将长条切成许多小块，然后，用筷子在小块面团按一下，再拉伸成细长的面条，接着，把细长的面条丢进油锅。师傅用铁夹将油条坯子轮流翻滚，那油条坯子在"吱啦"声中渐渐发胖、变黄，哪根火候到了，师傅就用长长的筷子将它夹起，放进铁丝筐里滤干油。

"来啦！"师傅喊着。几根金灿灿的油条正被送到他们面前。

张忆东迅速从口袋里摸出一毛五分钱递给师傅，然后，用废纸包了五根油条，将其中两根递给晓琳，三根留给自己。

晓琳抿嘴一笑，接了过来，并没说客套话，好像老熟人一样,但她白嫩的脸上却泛起了红晕。她一脸红,被他看见了,她的脸就愈发红了,不由垂下头去。他显然是很快乐,把油条啃得很快,仿佛今天的油条特别香脆。偶尔抬头,她发现他的蓝色运动服上几乎没有一处干爽的,衣衫一块一块地黏在皮肤上。

"快去换衣服,受凉的。"晓琳背过脸去,细声说。刚说完,晓琳立刻呆住了,他是谁啊?我为什么这么关心他呢?

"遵命!"张忆东调皮地说。

"嗯。"晓琳紧紧抓住自己的衣角,尽量让自己看起来随意而平静。

油条吃完了,张忆东起身要走,因为下午还有跳高比赛。晓琳迎前,把刚才他为自己付的油条钱塞在他手里。

"哎呀,太见外了。"他边说边把钱塞进晓琳的口袋里,然后,一把捏住晓琳欲从口袋里掏钱的手。这突如其来的动作,令晓琳受宠若惊,甚至有点不知所措。他的手湿湿的,热热的,好像又是有力的,柔和的。这种幸福将长长久久地属于我吗?晓琳惊喜的目光里夹杂着难以置信的疑问。因为,她想起了倩倩出众的身姿、热切的眼神。

张忆东在这次片区运动会上取得了骄人的成绩,自然成了县中学生运动会的种子选手。他每天早晚都在操场训练。晓琳悄悄去了很多次。一棵高大的梧桐树正好把她纤细的身影完全挡住。晓琳把书包垫在屁股下,背靠着树干坐着,扭过脸看他训练。她爱看他练习起跑和跳高的样子,特别喜欢他跳高时潇洒的摔垫姿态,每天要看好长时间,还尽量不让他发现自己。

有一次,陈洁无意中撞见晓琳,惊讶地问:"你怎么在这里?"

晓琳起身佯装打个哈欠，然后，装作不在意的样子转过身去，因为，面对陈洁的诘问，也许自己无法做到神态自如。陈洁一向敏感，又爱管闲事，在回家的路上，突然问晓琳："你是不是也喜欢张忆东？"

"就他？怎么可能呢？"晓琳言不由衷。

陈洁疑惑地看了看晓琳，说道："其实，你喜欢他也没什么，我也喜欢他，没有谁不喜欢他啊。只是，他跟我堂姐倩倩更般配。"

晓琳敷衍地"嗯"了一下，心里却很不是滋味。

期中考试刚过，县运会就开始了，张忆东去县城参赛，陈洁也去参加球赛了。那是一周很可怕的日子，家里、食堂、教室三点一线，晓琳独来独往，整天觉得心里有吐不出的苦恼。照说，她是个活泼开朗的女孩，然而，"他跟我堂姐倩倩更般配"，陈洁也就这么随口一说，她就放在了心上。在没有他的日子里，成天辗转，辗转烦恼着，在拥挤的教室，在黄昏的窗前，在夜半的小床，在寂寥的黎明。哦，那双明亮的眼睛，在眼前晃动，晃动……

就这么折腾着，晓琳精疲力竭了，以至于，有天上课时趴在桌上睡着了。戴了黑框眼镜的英语老师，夹着土音朗读一篇英语课文时，晓琳却梦见和张忆东浪漫的小店奇遇——亮亮的目光、温暖而有力的手，脸上露出了甜美的微笑。没想到老师念完后，兴致勃勃地让学习委员王丰来翻译课文。王丰却说自己不太懂，强烈建议让童晓琳同学来翻译。然后，所有的同学都欣赏到了晓琳同学流着口水的"优美"睡姿。待同桌把晓琳推醒，终于弄清楚情况的晓琳一下傻了，她揉揉惺忪的睡眼，定了定神，略带忸怩地说："这篇课文我也不太懂。"同时，抽眼瞪了一眼王丰，咕噜一句："多管闲事！"

同学们不由得捂着嘴咻咻笑了起来，老师干咳一声说道："算啦！也许这篇课文有点难度。"

县运会上，学校分别获得男女团体田径第二名，张忆东的三个单项都闯入前三，另外球类比赛也有不俗表现。皆大欢喜。同学们嚷嚷着要好好庆贺一番。学校最终决定搞一个庆祝活动，让高中毕业班的同学为大家表演几个节目。

一天放学后，高三的主要班干部集中到乒乓室讨论庆祝活动的方案，老师指定会议由倩倩主持。

张忆东跨出教室门，才发现天空正下着小雨，他没带伞，站在教室门口犹豫，是否冲过去呢？

这时，晓琳在他身旁撒喇一声打开了雨伞。晓琳也要去开会，她现在是文艺委员。

晓琳有点幸灾乐祸地看着张忆东。

可他二话没说，兴兴头头钻进了她伞下，靠近她，慢吞吞地说着走着，隔着浅黄色的油布伞，无数粒雨珠闪着光，像满天的繁星。满天的繁星一路跟着他俩。

恰巧陈洁撑着伞从他俩身边走过去，可她走了几步又回过头来细细打量，好像不认识他俩似的。

晓琳他们刚进乒乓室的门，就见倩倩从不远处款款而来。倩倩看上去很迷人——气质高贵、穿着得体，长溜溜的辫梢上打了银灰色的蝴蝶结。倩倩一进门,就令在场的几位女生黯然失色。大家自然而然地把目光聚焦在倩倩身上。

歇了一会,人来得差不多了,大家有点按捺不住,就你一言我一语地议论开来。

"晓琳,坐这边来。"张忆东趁乱回头招呼晓琳。

晓琳带了点星光下的恍惚,独自坐在后面的角落。她先是怔了怔,待弄清了他的意思,便搬了凳,拖拖拉拉走向他,同时感受到了陈洁和倩倩灼热而滚烫的目光。可是晓琳并不太在意,只管低头端坐在他附近。

不料,张忆东又指了指身旁的空地说:"晓琳,过来,靠近点,便于讨论。"

晓琳羞涩地看了他一眼,象征性地挪了挪凳子。

同学们顿时中断了议论,挤眉弄眼地笑了起来,张忆东也撑不住笑了,大家笑成一片,忽听倩倩大声说:"开会了!"不觉收住了笑,眼睛齐刷刷地望向前方的倩倩。

倩倩天生是个组织者,经过一番七嘴八舌的争论后,她综合大家意见,定夺节目内容,同时也把角色分配到人,尤其对压轴戏——英文短剧的主要角色做了重点安排。因为这个剧目将在下学期参加县里文艺汇演,老师早已把剧本编好。当然,张忆东无可争议地当主角——一位外国友人,晓琳扮演他的翻译,陈洁跑跑龙套。

这时,大家的目光不禁又移向"外国友人"张忆东和他的"翻译"晓琳身上。

可接下来发生的一幕却谁也没想到。

张忆东忽然站起来，面含诚恳之色径直朝端坐在前面的倩倩微笑着走过去。这一瞬间，竟让晓琳有点莫名其妙。

大概倩倩也不曾料到眼前的情景，看着自己朝思暮想的男孩在众目下笑盈盈地一步步逼近自己，大方的倩倩也尴尬起来。但很快，一向善于掩饰情绪的倩倩又恢复了往日的自信与坦然。她放低声音问："张忆东，你想说什么？"倩倩的声音温婉动听，语气好像两人事先商量好的，而弥漫在其中的温情，却让晓琳感觉难以忍受。可是，这又有什么办法呢？晓琳只能那么忧伤地看着他，只能在心里愤愤不平。

张忆东走到倩倩身边，看了看她手里的节目单，抬眼望着她，说："倩倩，翻译你来扮演吧。我俩才是最佳搭档。"那声音低沉而温和，还带点磁性，曾经多少次令晓琳魂牵梦绕，失魂落魄。说完，他用亮亮的目光扫视全场，也包括晓琳。

女生们为之心神一漾，微微涨红了脸，心里涌起一阵莫名的悸动。

晓琳感到往日令她神魂颠倒的目光今日却像利刀般刺入自己的心穴，他的寥寥数语，就像一盆冰水倏地浇灭了她跟他初相遇后就一直燃烧在内心的烈烈火焰。晓琳沮丧地盯着张忆东，希望他能回想起一些什么，他却毫无反应。

而此刻的倩倩，正以浅浅的微笑遮掩着她内心的洋洋得意。

末了，晓琳在恍惚中隐隐听到张忆东对倩倩补充了一句："我只信你！"说完，张忆东安静地回到座位。

"好吧，我试试。"倩倩含笑点头。

他竟当众换掉我的翻译角色！这是为什么？晓琳脸色发白，

把嘴唇咬得愈发鲜红。这个张忆东，难道他忘了小店奇遇的浪漫？忘了雨伞中的温情？唉！人怎么说变就变呢？晓琳知道此时张忆东心里肯定是美滋滋的，果真，他亮亮的眼睛正凝视着倩倩，唇边浮出一抹浅浅的笑意。

散会后，晓琳心里满满的都是苦涩味，就好像被迫吃了一个青柿子，那股苦涩味，不知何时才会消失殆尽。晚上回家吃饭时，晓琳的眼泪突然掉下来。母亲觉得好奇怪，因为，她知道女儿不是多愁善感、哀哀怨怨的类型。母亲一个劲地劝她，只是劝不住。

可母亲哪知刚才散会后女儿跟张忆东发生过的那段小插曲——晓琳哭丧着脸走出乒乓室时，张忆东把她拉到一边，劈头就说："你知道，你的普通话不太好，要是去表演的话，我怕，怕你出洋相，而倩倩她……"没待他把话说完，晓琳一阵风似的气跑了。

是啊，我普通话不如倩倩，我什么都不如倩倩，你满意了吧？晓琳这样回想着，不停地流泪，流了一个晚上。她不用手帕去擦眼睛，擦肿了，她的同学该会笑话她。

次日，她收拾好心情，装作若无其事地上学了。

因为要赶在期末考试前完成庆祝活动，所以，张忆东他们放学后都得抓紧排练，然而，一旦有机会，他依旧会把亮亮的目光投向晓琳。而晓琳总是设法回避他，甚至，有时会当着他的面，同他的好朋友王丰或宋达故意套近乎，待把他气跑后，自己再拗断话语，黑着脸气呼呼地走开。

晓琳也曾换位思考，试图理解张忆东调换节目角色的苦心，可始终说服不了自己。她觉得自己和他之间有条天然的鸿沟，无法逾越。她决意要把他从自己的脑海里刮掉，一点一点地变浅，变淡，最后变得模糊起来。她想他应该不会忘记她，可想起她的时候，只是等于想起一个普通的同学。他在她的脑海里挣扎了一阵子，似乎沉下去，溺毙了。但不知为什么，她整天还是焦虑不安。

那天，晓琳做值日生，一贯关心她的王丰留下来帮她扫地，不小心把垃圾扫到了她的裤脚上，晓琳顿时跺脚骂人："你没长眼吗？"

气得王丰丢下扫帚撂了一句："你这人有毛病吧！"然后，气呼呼地跑了。

晓琳连忙跑到教室前的小河滩上，哇哇直哭，满脑子净是王丰那句话"你这人有毛病"。是啊，我怎么变成这样了呢？可我也不情愿啊。

接下来，那段糟糕的日子里，幸好，几次三番被晓琳凶过的王丰不计前嫌，还是时常来找她说说话、聊聊天，为她解闷。

由此，晓琳发现王丰是个很内秀的男生，而且记忆力特别好，竟然能把成语小词典背得滚瓜烂熟。每天早上，他们一起跑步，偶尔也打打羽毛球。

有一回，他们遇见了倩倩。倩倩见他俩在一起，不禁瞪大了眼，不过，倩倩是那种有涵养的女生，很快将脸上瞬间出现的惊愕表情掩饰过去了。

谁知，到了晚上，邻居陈洁把晓琳从家里叫到场上僻静处，厉声责问："你怎么可以对张忆东三心二意呢？"

"我和他什么也没有啊。"无辜的晓琳言辞凿凿。

"你——你这人——真让我脸红!"陈洁对自己的喉咙失去了控制力,说到末了,竟然叫喊起来。稍停,她一跺脚,气呼呼地跑了。

晓琳望着陈洁远去的背影,心想:"唉,又一个傻瓜,被张忆东弄得神魂颠倒的。"

从那以后,晓琳和陈洁的关系也明显疏远了,陈洁又有了新的女伴,晓琳觉得也很正常,宁愿选择独来独往,这样可以随时想入非非。

不过,晓琳依然坚持让他从自己的世界里消失殆尽,万劫不复。可那些东西随着高三生活的步步深入却愈发鲜明起来。被这种矛盾心理折磨着,晓琳的性格变得缄默起来。虽然,有王丰开导,可她还是一味沉浸在苦涩又恍惚的氛围里,拔也拔不出来。晚上乱梦颠倒,吃饭如同嚼蜡,上课注意力分散,时常望着门外胡思乱想。

晓琳总是依稀见到,有个满脸横肉的彪形大汉,突然手持雪亮的狭长利刀,闯进来,厉声说:"不许动!"然后,径直跑到她的课桌前,柔声说:"妹妹,跟我走吧!"她不慌不忙地问:"为什么?""横肉"色眯眯地看着她,说:"因为我要你!""横肉"就住在她家附近,一直有事没事纠缠她,这句话她已听惯了。她说:"要是我不跟你走呢?"他立马变了脸,凶神恶煞地说:"那我就杀了你的心上人!"说着,一把将张忆东揪住,别的同学一个个吓傻了眼。张忆东连声惊叫:"别杀我!别杀我!""横肉"不理他,举起利刀扬了扬,对她说:"走不走?他的命可是捏在你手里啊。"她毅然决然地说:"放了他,我跟你走!"张忆东满脸惊愕,流下悔恨的泪水。他幡然醒悟,她才是他一生最爱。但为时已晚,她跟着"横肉"毫不犹豫地走了,留给他一个窈窕的背影……

实际上,类似这样的情况从未发生过,从门外进来的往往是慈眉善目的班主任,他总是忧心忡忡地走到晓琳身边,问这问那,为什么数学题接连出错啊,物理题答非所问啊,语文单元测验又退步了?等等。

是呀,从上学期期中考试至今,她的学习成绩一路下滑。直到毕业考试,差不多滑到了下游,甚至,还有两门不及格,补考了两三次才算勉强过关。

毕业典礼后,大家将各奔东西,开始各自的精彩人生。

同学们都在教室里互签留言,依依惜别,晓琳却悄悄来到教室不远处的那棵大树下,痴痴望着教室的方向。

晓琳今天穿了那件去年妈妈为她转学做的淡黄色的衬衫(现在衬衫显得有点小了),站在那里左等右等,才看到同学们三五成群地从教室里恋恋不舍地走出来,几乎不用分辨,一眼就看清张忆东鹤立鸡群的身影。

张忆东边走边同王丰和宋达说着话,路过邻班时,倩倩兴奋地跑出来叫住张忆东。于是,王丰和宋达以及其他同学纷纷从他俩身边走过,渐渐把他俩留下,他俩紧挨着悠悠地朝前走着。

晓琳定定地望着他俩的背影,就像自己第一次望着他俩一样。

他俩渐渐走远了,晓琳有一种强烈的想要叫住他的欲望。喊吧，再不喊就没机会了，晓琳心里越来越焦急。她终于勇敢地张大了嘴巴，可却发不出一点声音，直到他俩从她的视线中消失，才听到自己像蚊叫一样的声音。"张忆东，再见了！"一阵风掠过，瞬间吞噬了这句话。

高中毕业后，晓琳被分配在县城一家国营服装厂当工人，有了一份令人羡慕的稳定工作。可她怎么也高兴不起来。

在西桥当了民办教师的王丰不断给晓琳写信。他豁达开朗、善解人意的性格，尤其是不懈的坚持精神，终于感动了晓琳，于是他俩开始了漫长的书信来往，直到王丰和她在同一个县城工作为止。

张忆东和倩倩在远离西桥公社的一个样板大队插队落户。那里有个庞大的知青点，陈洁也在其中。

大半年以后，张忆东、倩倩、王丰和陈洁还有宋达等同学相约一起来晓琳的工厂看她，他们在一起有说有笑的，还给晓琳厂里的工人们表演那个英语短剧的片段，这个短剧曾获得县里的好评。晓琳不得不承认，张忆东跟倩倩搭档的表演很精彩，尤其是倩倩的普通话比自己好多了。

现在，晓琳虽然对张忆东已经没有了当初的怨恨，可留在心里的那股苦涩味，却已把她弄得伤痕累累，但晓琳不想告诉他。

次日早晨，晓琳去汽车站和同学们一一告别，倩倩伸出了手对她说："再见！"

"再见！"晓琳第一次拉起倩倩的手。假如生活能够重新来过，她会同倩倩做朋友，因为倩倩是那么出众的一位姑娘，漂亮又聪明，活泼又不失端庄，尽管看起来有些傲气。

张忆东还是那么乐观而自信，即使是离别依然乐呵呵地对她说："能握一下你的手吗？"不待回答，便又一次将她的手捂在手里，且越捂越紧，那两道明亮的目光仿佛定格在她的脸上。

苦涩的泪水在晓琳眼眶里打转。她狠命紧咬牙关，心里说，无论如何不能让眼泪流下来。

没过多久，张忆东去当兵了，不久，听说上了军校，后又提了干。还听说倩倩已当上了西桥公社妇女主任，这下，他俩真正成了"天仙配"。

两年半后，晓琳他们有幸遇到了教育春天的到来——全国恢复高考制度。巴巴地期盼着走进大学校门的晓琳，如同全国成千上万的有志青年一样，欢欣鼓舞地投入了紧张的复习迎考中。晓琳多想把握好这个可以改变命运的机会，可命运却跟她开了个偌大的玩笑，连考三年，不仅年年名落孙山，还越考越糟。眼看与梦寐以求的大学无缘了，她才渐渐醒悟，流下了悔恨的泪水。

实际上，晓琳自遇见了张忆东，就鬼使神差地被他网罗牵绊，从而深陷情感的泥沼，久久不能自拔，以致渐渐患上了神经衰弱症，况且愈来愈重，现在，她每晚只能睡上一两个小时，睁眼闭眼净是张忆东的那两道明晃晃的目光。她备尝了早恋的苦涩，就如同青柿子的滋味。她挣扎过，可不中用；她后悔了，但为时已晚。如果时光能够倒流，她必得像倩倩那样，理智地把控好人生的每个关卡。

倩倩一下子考上了名牌大学，王丰上了一所不错的大专，陈洁也如愿以偿进了卫校……同学们一个一个地走了。

又过了两个年头，陈洁从卫校毕业后，被分配在晓琳所在县城的一所医院当护士。上班后不久,陈洁来同晓琳告别,她要随母亲一起调到父亲所在的南方城市去工作。临别前,她问晓琳道:"你打算什么时候同张忆东结婚啊?"

晓琳吓得瞪大眼睛,直愣愣地看着陈洁:"你胡说,你就会胡说!不是张忆东和你堂姐最般配吗?再说我也有男朋友了。"

"什么?你有男朋友啦?这怎么行呢?"这下轮到陈洁吃惊了,"我堂姐倩倩和张忆东只是好朋友。"

晓琳愣了愣,表情复杂地说:"他们俩仅仅是好朋友?死活我也不信!不过,我真的有男朋友了。"晓琳肯定地点点头,但晓琳没讲自己的男朋友是谁。陈洁也没再追问。

王丰大专毕业后,为了照顾晓琳,毅然放弃留在省城工作的机会来到这个小县城。命运让晓琳和王丰再次相遇,于是,他们订了婚。这么多年来,晓琳欠王丰的太多,注定今生今世要还他。

"可张忆东喜欢的是你呀。"陈洁只是说。

"不可能!张忆东又帅又能干,还有很好的前程,能配上他的人应该是倩倩。更何况他们俩的关系一直都很好。"说这话时,晓琳显得很平静。

尽管陈洁费尽口舌,终究无法让晓琳改变对张忆东和倩倩的感觉。几天后陈洁走了。以后的岁月里,晓琳再也没有得到过陈洁的任何音讯。

日子过得飞快,转眼两年多又过去了,张忆东和倩倩一起来看晓琳,三个人坐在一起拉家常。晓琳问起他俩什么时候结婚,倩倩笑着说:"你不知道,我已经结婚了。"

"跟张忆东吗?"晓琳脱口而出。

"你想哪儿去了,我和单位里的一位转业军人结婚了。我知道,张忆东心里早已有了人,所以,从来没想要和他结婚。"倩倩说。倩倩大学毕业后留在省城工作,她爱人的老家就在这个县城,这次夫妻俩一起回老家看望父母,恰巧,张忆东也探亲回家,就相约一起来看望晓琳了。

"是的,我曾告诉过倩倩,这辈子我只爱一个姑娘。"张忆东微笑着说。

"哪个姑娘有福呢?"晓琳问。

"就是你啊,傻瓜!"倩倩捅了捅晓琳的腰,泪眼婆娑地说。

"是我?"晓琳惊喜中带着疑惑的目光。

"是的,我非你不娶!"张忆东激动地说。他转过身来再次拉过晓琳的手,紧紧捂在手里,那两道亮亮的目光,又一次投向晓琳。

晓琳一下就傻了,就像被谁施了魔法,一动也不能动。"晓琳——晓琳——"是他俩不停的呼唤声,咒语般激活了晓琳。晓琳抽回手,轮流看着他俩,顿时百感交集。忽然,她抬起头来,仰望着苍茫的天空,在心里呐喊:爱神丘比特,您一不小心射错了神箭?

"你可得好好珍惜哦!"倩倩含泪对她说道。

晓琳紧锁着眉头沉默不语。因为,她想起了王丰对自己的点点滴滴,不禁心酸不已。她定了定神,黯然神伤地对他们说:"太迟了!一切来得太迟了!我已答应王丰下个月要去领结婚证了。"她垂下头去,似乎再也不敢触摸那两道依然那么明亮的目光。

"我会等你的!"张忆东固执地说。

晓琳的心猛地抽搐了一下,突然,她像疯了似的大笑起来:"哈哈哈!真是个大傻瓜!为了我,请收回你的承诺吧,我永远祝福你!"只是,她不愿让他俩听见她伤口崩裂的脆响。

只缘同根生

（一）

九月的天气不凉也不热，穿短袖可以，穿长袖也可以。依兰穿了件的确良粉色格子长袖，睡眼惺忪地从窄窄的楼梯上下来。她昨晚偷看连环画睡晚了，被妈妈推醒时感觉还没睡够呢，对着镜子看看眼睛也好像有些红肿，早上还要晨跑，每天起码在四百米的跑道上来回十来圈，疲劳不算，还弄得满身臭汗，想想也头痛。唉，谁让自己在选拔赛时不小心跑得那么快，不幸入选校田径队了呢！

依兰斜背着镶着白边的蓝色书包，急急跨出家门。厨房门口伸出妈妈的脑袋："上课别开小差啊！"依兰没好气地"嗯"了一声，一溜烟跑了。

依兰走在古老的石板街上，初秋的凉风时不时吹来，真是舒服透了。明明肚子里装满了可口的早饭——油条大饼加煎鸡蛋，可路过糕团店时，她又买了三个肉包子——这是特意为晨练备下的。每天开始上课时，依兰熬过了大清早跑步的累劲儿，肚子就开始咕噜噜唱起空城计。还不到上午最后一堂课，她就疲软得趴在课桌上，再没力气听课写作业了。每到此时，她就会不断提醒自己：明天别忘了带上吃的，可丢三落四的她，总把这件事忘了。眼下，终于买了点心，嘿，到时就不用挨饿了。

肉包子抓在手里烫烫的，弥散在周围空气里的香味又那么诱人，依兰频频地咽着口水有点受不了，忍不住先尝了一个。她使劲咬下去，不料被肉包子烫得尖叫一声，惹得路人纷纷投来好奇的目光。

一路飘香到学校，看见在校门口打扫卫生的一帮学生里的石惠芳，她心里不由咯噔一下，糟了，今天又要倒霉了！

依兰快速收起高兴的表情，挺着腰板，啃着余下的肉包子向校园深处走去，瞬间就觉得有两道目光像闪电似的射过来，紧接着如预料中的那样，听到一声："吴依兰，站住！"

这个天不怕地不怕的姑娘仿佛被施了定身法般停住了。

别人不知道她吴依兰，难道她自己还不清楚吗？

依兰曾尝试不听惠惠（石惠芳）的命令，只管旁若无人地走过去，可到头来总是被惠惠追得在校园里四处乱逃，末了束手就擒，倒让四周的师生有幸欣赏到依兰狼狈不堪的惨样。依兰为此痛恨自己平时忽视锻炼，于是，下狠心每天早出晚归去操场跑上十来圈，就这样坚持了两三个月，依兰的跑步速度居然快得惊人，无意中还被体育老师选入校田径队，从此，她再也不怕被惠惠追赶了。

哪知，惠惠又出新招——干脆在她的教室门口搞堵截。这下，依兰没辙了，只好向惠惠乖乖地"投降"。

"又怎么啦？石——大——委——员？"依兰黑着脸一字一顿地问。

这个惠惠,就是比依兰高一个年级的校团总支宣传委员。

此时,依兰不由仔细打量了惠惠一番:皱巴巴的灰色短袖,褪了色的蓝布长裤,从裤管下面可以看到一双黑色土布鞋,磨破了鞋跟不算,鞋尖还长双眼睛,整个儿透出寒酸味。

"哼!你就是土得掉了渣的乡下人。"依兰这么想着,撇了撇嘴,有点挑衅地咬一口肉包子,看到惠惠蹙起眉心,心里很高兴。

"你,你应该在家吃完早饭再上学!"惠惠毫不客气地说。

"你看看,家里哪有这么好吃的肉包子啊。"依兰一边夸张地咀嚼着,一边把缺了口的肉包子往惠惠那边扬了扬。

这下可好,那些黏黏的汤汁往外飞溅,溅得惠惠裤子上星星点点的。

"你怎么这样!"惠惠慌忙掏出手帕擦拭裤子上的汤渍子,没想渍子越擦越大。

"谁让你多管闲事!"依兰看着惠惠窘迫的样子,暗自好笑,带着胜利者的表情向教室走去。

"站住!你为什么不穿运动服晨跑?"惠惠愤怒地盯着依兰那粉色格子长袖衫。

嘿!你分明就是嫉妒。依兰心里涌起一股莫名快感,嬉皮笑脸地说:"噢!运动服啊?好像放在课桌里,我正想去换呢。要不,你跟我去看看?"说罢,她大摇大摆地离开了。这回,依兰再没听到惠惠的声音。刚走几步,她又得意地回头冲惠惠瞟一眼。

谁都知道,吴依兰和石惠芳是一对活冤家。

按理说，她俩不同年级又不同班，似乎找不到成为"仇敌"的理由；再从她俩的性格特质来说，要成为死对头好像也不太可能。

高三（1）班的惠惠是有口皆碑的好学生，她性格随和，待人谦恭，从来没跟谁红过脸，虽家境不好，但她把书念得很好。她遵章守纪，组织能力也超强，不少老师都巴不得认她做干女儿呢。

而高二(3)班的依兰呢，她大大咧咧，随心所欲，只做自己喜欢的事，从来不爱多管闲事。平时的表现每每令老师头疼，好在再任性再散漫，成绩一以贯之的好，老师也只好对依兰睁一眼闭一眼了。

两个看似八竿子打不着的女孩，却每每闹得不可开交。

这天下午作文课时，语文老师正在声情并茂地朗读一篇范文《桥中园内尽朝晖》。突然，一个缺了门牙的银发老太太在窗口露了一个脸儿，又很快缩回去了，过了一会儿，探头探脑地又出现了。

"小兰，小兰。"老太太一脸和善的笑容，嗓音里存了蜜糖似的，喊着吴依兰的小名。

老师停止了朗读。

见老师满脸狐疑，老太太急忙解释："我是吴依兰的奶奶，来给她送点吃的。"老太太扬扬手里冒着热气的纸包包。

这时，教室里的几十双眼睛先是一愣，接着，扫过来的目光齐刷刷地汇聚在吴依兰的身上，然后是大家有幸观摩到了吴依兰同学专心致志地偷看课外书的姿态——压低的额头几乎碰到课桌面，一本脱落了书皮的厚书摊在膝盖上。同桌轻轻推了推依兰。

终于弄清情况的依兰赶忙合上书本，站起身来笑嘻嘻地说："对不起，老师，我在寻找作文的参考资料呢。"说完，十分诧异地朝窗外望一眼含羞的奶奶，又迅速转过来不好意思地看着老师。

老师抿嘴笑笑，示意依兰出去。

教室走廊墙角处，依兰没头没脑地把奶奶埋怨了一顿。奶奶气坏了，负气把纸包丢在依兰手里，转身气冲冲地走了。

看到奶奶发脾气的样子，依兰觉得好笑，赶紧追上去给奶奶做解释。奶奶不客气地打断依兰的话锋，说道："你这孩子，傻乎乎的，瞧人家惠惠多懂事。"

"惠惠？这事同她有什么关系？"依兰吃惊地看着奶奶，于是，奶奶把事情的来龙去脉给细说了一遍。

原来今天午饭时，依兰面对油腻腻的红烧大肠皱起眉头，不太情愿地扒了几口饭便匆匆上学。奶奶担心她饿坏了，就去买了几个肉包子给她送来了。因为，奶奶知道依兰放学后还要到操场跑啊跳的。之前，奶奶曾来过依兰教室，但那是一年前的事了，自她升入高二后还未曾来过。

正当奶奶在教学楼拐弯处东张西望时，巧遇正在自由活动的惠惠。惠惠到过依兰家好多次，自然同奶奶熟悉。

惠惠一见奶奶，立即上前弄清缘由，然后，就领着奶奶来到依兰教室门外。惠惠原本想让奶奶等到课后再给依兰送吃的，没想从窗口一眼看到依兰偷看课外书的那一幕，便瞬间改变主意，怂恿奶奶招呼依兰。

又是你，惠惠，多管闲事！依兰听后气不打一处来。

（二）

晨练结束后，汗渍渍的依兰，走在通往教室的主干道上，临近黑板报时，感觉气氛有些异样。首先是堵在路中间的几个男孩纷纷为她让路，这倒也没什么，起码的文明礼貌嘛。奇怪的是，其中一个男生朝她看了看，就对周围的同学说道："她就是吴依兰！"

"噢，原来就是她！"

那些陌生的脸庞向她投来一个个钦佩的眼神，依兰想破脑袋也不明白这帮人，怎么一夜间变得如此崇拜她了。带着疑问往前走，依兰瞧见好多人围在一起七嘴八舌地议论着什么，其中有同桌英英松松脆脆的声音。

"英英，有什么新闻？说来听听。"依兰兴致勃勃地凑上去，可同学们哗地散开了。

依兰突然发现自己成了焦点人物，所有的目光都聚集在她身上——可以看出这些目光和刚才那帮男生一样属于赞美一类的。她猛地感到手足无措起来。这可是惠惠的专利啊。一直以来，风光的出名的好事都是惠惠占着，大家今天莫非都搭错了神经，或者，是自己穿着上有什么特别？还是自己无心做了什么好事？

未待依兰多想，英英跑过来拉着她的手往黑板报走去。

"依兰，你真有才啊！"

"你快成大作家了。"

"就是嘛,文章写得那么好,给我们大伙儿传授点经验吧。"

一时间,同学们啧啧的称赞声,令依兰仿佛坠入云里雾里。

这时,英英停在黑板报前,指了指上面的"光荣榜"说道:"你得奖啦!一等奖,真了不起!"

依兰顺着英英手指的方向看过去,这才明白大家究竟在说什么。上周举行了一次全校学生作文竞赛,依兰也参加了,居然拿了一等奖,她也是现在看了光荣榜才得知的呢。

依兰盯着醒目版面上自己的得奖文章,想细细看看,可乱七八糟的噪音很快把她淹没了。正待转身离开时,依兰看到身旁惠惠正和一个同学大声说着话,一副不以为然的样子:"嘿嘿!雕虫小技,算什么……"

"对啊,惠惠,你怎么不写啊?要不然,这个头等奖非你莫属!"有位快嘴姑娘抢着说。

快嘴姑娘立刻被英英拧了一把,吐了吐舌头,一溜烟跑了。

惠惠笑了笑,意味深长地说:"我要有那么多闲工夫,何止得个小奖,早成大作家了。"

依兰气得直翻白眼,可就是反驳不了。

不错,学校里没有一个学生像惠惠这样整天像一部机器不停地运转,除了繁重的家务,白天上学也总有没完没了的事。比如策划并组织各种宣传活动啦,出专栏和板报啦,抓好同学中出现的"活思想"啦,还有老师经常找她帮忙做这做那,甚至,有些分外的事情,她也乐意去帮忙。惠惠家住偏僻的农村,屋子又小,弟弟还要吵闹,无法安静读书,因而每天忙完家务,总是第一个到校,想读一会儿书,可是,她总是不自觉地和值日生一起打扫卫生。有时，看到一些学生随地吐痰，乱抛纸屑，甚至胡乱吐瓜子壳，她便上前制止，并随手收拾干净。在不少同学眼里，这些都是枯燥又烦人的事，且对学习毫无益处，只有惠惠好像乐此不疲。毫无疑问，她的学习时间比别人少，可她的学习成绩却比别人好。这是大家有目共睹的，尽管依兰很不愿意承认这一点。

每当听到有人夸奖惠惠的好，依兰就会撅着嘴巴小声嘀咕：哼！就是个土里吧唧的乡巴佬，有什么了不起！就算考试成绩好点，可她的知识面不广啊，从来没有正儿八经读过一本长篇小说，不知道乘轮船是什么感觉，火车是什么样子的；连件的确良衣服也没有，每个季节就被那么一两套不合身的破衣服打发过去了；不喜欢逛街，不买零食吃，不爱说笑话……凭什么那么多老师和同学钦佩她呢？莫不是大伙儿都吃错了药？

有一天下午课后，学校通知开大会。一听到开会，大家头就大了，不过，今天是纪念"五四"青年节，具有非凡的意义，大家不得不高度重视。这不，每个共青团员胸前都佩戴了闪闪发光的团徽，会场里也挂起领袖画像，拉起横幅，四壁还贴满红色标语。

校长早早地端坐在主席台中间。

大家坐定后，校团总支书记朱老师，开始了滔滔不绝的讲话。紧接着，分管领导宣读表彰决定，然后，叫着先进集体代表和优秀团员的名字，被叫到一个就上去一个，他们都是去领奖状的。

趁这当儿，不少同学开始咬耳朵、打瞌睡，还有的在暗地里做小动作。

依兰本想带上新近迷上的长篇小说来看的，想来想去还是不敢，一来是会议特殊，二来怕被没收。记得有一次也是在这里开大会，依兰只管偷看小说，看到伤心处不由抽泣起来，令周围同学啼笑皆非。最终结果自然是老师过来不客气地将书没收了。眼下，只得通过悄悄地咀嚼奶糖来打发这无聊的时间。

终于轮到惠惠上台发言，全场渐渐安静了下来，因为，大家明白这意味着会议接近尾声了，这点应该是不可否认的主要原因，当然，石惠芳同学人格魅力也是不可忽略的。无论她讲得怎样，至少始终有欣赏她的那帮子人在下面力挺她。

会场气氛愈来愈好，只有依兰心里不是滋味，她偷眼看了看惠惠端坐的姿态和淡定的神情，捋了捋刘海，继续咀嚼奶糖。

坐在她旁边的两个女生交头接耳好一会儿了，惹得周围同学不时向她们投来白眼，本来其中有部分白眼是给依兰的，因为这时她嚼奶糖有点夸张了，现在注意力都被交头接耳的女生转移开了，看来她俩比她更吸引眼球。而那两个女生还在喋喋不休地讨论着她们热衷的话题，一点也不受外界影响。

不一会，其中一个穿花衣服的女生站起身来去方便，几分钟后回来一屁股坐下，随即脑袋又往同伴那儿凑，估计想继续聊。这时，花衣服脸上忽然露出惊异的神情，接着，小心翼翼地弓着腰，背向同伴，同伴从她屁股上剥下一团黏黏的乳白色小东西塞进她手里。花衣服发出一声惊叫："啊？奶糖！"

依兰捂着嘴窃窃地笑，明明只是粒奶糖，至于这么大惊小怪吗？又不是大青虫。

其他同学的目光，像探照灯一样在她俩脸上扫来扫去，想要探个究竟。

　　花衣服的同伴怕被众人误会，赶紧面向主席台摆出正襟危坐的姿势。

　　花衣服的脸红得像番茄，疑惑的目光在周围人群中扫了几遍，最后定格在依兰的脸上。

　　依兰装模作样地瞪着眼睛看着花衣服，一脸无辜的样子。

　　其实，就是依兰偷偷把吃剩的奶糖吐在花衣服凳子上的，想弄出点动静来，叫惠惠不舒服。可现在，花衣服凭什么断定是她搞的恶作剧呢？有谁来做证人？

　　这时，会场有点混乱，校长脸色不太好看。朱老师板着脸用双手示意大家安静下来。花衣服出了洋相后，默默地呆坐在那里，不敢再出声了，只是依然慌乱地眨巴着眼睛。

　　惠惠还在发言，在这么多人里恐怕只有依兰感受到了惠惠投过来的充满警告意味的目光。依兰狠狠地回瞪过去，你以为你是谁！

（三）

　　这天依兰卷弯了刘海，换上银灰色外套和米色长裤，从翻开的领口、裤管口露出的寸巴长的内裤管能看出里面是一身玫瑰红的运动服，这可是当时最时尚的打扮呵。当她傲气十足地步入教室时，不少女生惊呼好看，依兰甚是得意。课间，她边和英英聊天边在走廊里展览。这种打扮，最令惠惠看不惯，依兰也满不在乎。路过隔壁班的窗口，依兰有意无意地朝里面瞟过去，突然感到有两道灼热而滚烫的目光落在自己的脸上。仅仅只是一刹那，她的眼里闪出了亮光。

"你怎么哭了？"英英捅了捅她的胳膊说道。

"是——是灰尘钻进了眼里。"依兰信口说道，然后轻轻擦干泪花掩饰地笑了笑。英英怀疑地盯着她。说话间，依兰瞥见那个俊朗的男孩，从座位上站起身来，微笑着径直向她们走来。

哇！夏冬真的看到她了呀。

或许是依兰没有这方面的人生经验，看着自己喜欢的男生一步步靠近自己，明显有些慌乱，但很快又恢复平静。她干咳一声，不以为然地对英英说："走吧，快上课了。"可依兰没有听到回应。原来，英英正张大嘴巴盯着夏冬迷人的笑脸出神呢。

与惠惠同班的夏冬是大家的夏冬啊，他长得帅成绩又好，还绘得一手好画，因而人见人爱，依兰因此有些忧伤。但当她回到座位上，手往书包里摸了摸，心里又有了说不出的高兴——里面有一只精致的长方形小盒子，盒子里有一支漂亮钢笔，是她在百货店精挑细选买下的，打算送给夏冬。夏冬邀请她今晚一起看电影。前天，夏冬就神秘兮兮地送给她一张电影票，还跟她说"要保密哦"，这让依兰幸福得快要晕过去了，因为，她拥有了他俩之间的秘密。

这天正好是周六，下午上完正课就放学了，因为，周末校田径队暂停训练，依兰自然很高兴。可这张电影票令她觉得时间过得很慢很慢，短短的八九个小时就像过了一个世纪一样。这一整天她什么也没听进去，就是眼巴巴地望着窗外的阳光由灿烂渐渐转向柔和。

总算熬到了放学,依兰背起早就整理好的书包,脚底抹了油似的朝家里疯跑。

依兰家住在小街东头,距学校仅仅六七百米,因而片刻便到。她丢下书包,顾不上洗手,就狼吞虎咽地把晚饭扫光了,然后,抹抹嘴巴走到橱镜前梳理打扮一番,接着,从书包里掏出那个小盒子,放进了形似月牙的小挎包里。原本她想在白天把它送给夏冬的,但因找不到合适的机会,只能等到晚上看电影时再见机行事了。

一切收拾停当,依兰就对戴着老花镜在一旁打毛衣的奶奶说了声"奶奶,我去看电影了",未等奶奶回应,就拎起月牙包快步冲出家门。昨晚,她就把这事和奶奶说好了的,所以,奶奶为她提早备了晚饭。

在公社大会堂门口,依兰被惠惠拦住了。

惠惠若有所思地打量着她说:"你干妈住院了。"

"住院了?什么病?"虽然依兰对干妈不亲,但她听到住院,不免有点紧张。因为她知道,干妈家境不好,要是普通毛病是不肯住院的,除非……等她反应过来,那个坏家伙已溜之大吉。

校园里几乎没人知道依兰的干妈就是惠惠的亲妈,料想惠惠不会拿自己母亲的不幸闹着玩的。可如果干妈真的生病住院了,惠惠又为什么慌里慌张地溜走呢?至少也该给她讲清病情,领她去呀,莫非惠惠不愿带路,兀自去医院了?

不容依兰细想了,她只管没命地往公社医院跑。反正,医院就在不远处,快去快回,也误不了看电影,她想。

到了医院门口,依兰愣住了。因为,她不知往哪个病房去,怪只怪刚才听到干妈住院的消息，一时乱了方寸，没弄清干妈的病房号，就放跑了惠惠。不过，医院就这么点大，就算跑遍了所有病房，也要不了多少时间。

于是，她从外科到内科，把每个病房大致找了一遍，可根本不见干妈和惠惠的影子。她想再去问问惠惠，可上哪儿去找她呀？算了，还是自己再找找吧。

依兰没来过住院部，根本不知道找到病人的快捷办法。她耐心地找呀找，找到太阳下山了，月亮升起来时，一个好心的白衣天使见到汗流浃背的依兰心急如焚的样子，便上前问清了情况，随即到服务台询问后告诉她，"那个病人动过小手术，今天中午出院了"。依兰这才知道受了骗，恨不得把惠惠狠揍一顿。

依兰火烧火燎地赶到大会堂，发现来迟了，那银幕上的激战画面一下子蹦进她的眼里，是电影《英雄儿女》中的一个场景，依兰对它再熟悉不过了，之前她已经看过好多遍，对里面的每个情节都了如指掌，甚至，已把某些经典对话背得滚瓜烂熟。

银幕下面是黑压压的人头，依兰从月光里走进来格外看不清楚。

这时，工作人员打着手电很快为她找到座位，凭借闪动的电筒光，她依稀看到夏冬的前后左右坐着好几个熟悉的同学，就连自己紧挨夏冬的座位也被英英占据了。

"我来叫她让座。"工作人员看着依兰手中的电影票说道。

依兰没有听见工作人员在说什么，只是一味地站在过道里发呆，她还以为自己在夏冬心里有特别的地位，因而特意卷弯刘海，把自己打扮得时尚又得体，还随身携带答谢他的礼物。哼！

早知如此，何必当初！依兰摸了摸月牙包里的小盒子，咬咬牙气呼呼地跑出了大门。

事后，依兰才知道，那天是夏冬的生日，在公社里当文化站长的父亲给他弄了好几张赠票，让他邀请同学一起看场电影乐一乐。夏冬就提前请了依兰、英英和班里几个要好的同学，惠惠也在其中。夏冬还告诉了惠惠其他被邀同学的名字。

周一下午放学后，依兰去操场训练的路上见到夏冬，原本不想搭理他，所以，故意装作没看见他。

夏冬却老远喊着她的名字赶过来，笑盈盈地问她为什么没有同他一起看电影。

依兰看着眼前英俊潇洒的小伙子，一肚子气全消了。帅哥总是容易得到女孩的谅解，依兰吞吞吐吐地说那天身体有点不适。

不料他戏剧性地露出焦虑的神色，关切地问道："你好点了吗？"

"没——没事了。"夏冬一句简单的问候却令依兰感动得语无伦次了，真是没出息。

夏冬复露出灿烂迷人的笑容，用好听的声音对她说："我陪你去跑步。"依兰居然魂不守舍地点了点头。

这时，惠惠突如其来出现在他们面前。

依兰一见她便火冒三丈，她可忘不了那天被骗的仇恨。要不是顾忌夏冬，依兰非得抓起路边的小石子把惠惠扔个稀巴烂。她这边气得小心脏快受不了了。惠惠却看也没看她一眼，只顾忙着对夏冬说，绘刊头画的那位同学扭伤了胳膊回家了，想请他帮忙，照报纸上的图案依葫芦画瓢就可以了。明天兄弟学校的领导来参观,这个墙报今天要完成的。

夏冬连个招呼也没打,屁颠屁颠跟着惠惠跑了,撇下了依兰。

真讨厌!不是说好陪我去跑步的吗?

依兰跺了几脚,掉头就往操场上跑去,决定不再理睬他们。可是,她又很不甘心眼睁睁地看着惠惠把自己喜欢的男生抢走。

于是,依兰又转过身来,一路慌张地尾随着,待见他们走进校团总支办公室时,便闪身一边,像做贼似的朝里偷望,但见惠惠正把白纸和毛笔递给夏冬,表情淡淡的。夏冬却围着惠惠点头哈腰,脸上依然挂着那一抹迷人的笑容,看起来让人有点难受。在这瞬间,依兰对他的好感忽然消失殆尽,她心平气和地走了,甚至忘了回避他们的视线。但不知为什么,刚走了两三步,她又忍不住回过头来看了一眼夏冬,依兰第一次感到他的长相同别的男生没有什么两样。

(四)

今天是校运会的最后半天,依兰已完成了所有的参赛项目,所以,可以安心地自由活动了。

刚吃过中饭,依兰就邀请英英一起到百货商店逛逛,可英英苦着脸没有答应,说她回家有事。依兰只好自个儿去。小街中心有一家不很大的百货商店,里面陈列了各式各样好看的东西,可依兰只想买下那双预订的白球鞋。

其实,依兰的这个念头由来已久。清晰地记得刚上高一不久，学校来了一位穿白球鞋的女老师，依兰一下看傻了眼。那天回到家里死缠着妈妈要买白球鞋，而妈妈却以白颜色不耐脏为理由拒绝了她。失落的依兰只得从小罐子里掏出自己的压岁钱，悄悄跑去购买。没想营业员告诉她店里不曾卖过白球鞋，以后是否进货要看市场需求。

依兰顿时像泄了气的皮球，垂头丧气地离开了那里。不过，她从来没有放弃过希望，时常有意无意地拐进商场瞟一眼，随时盼望奇迹能出现。

或许，是依兰的诚意感动了上苍，那次当她刚走进商场时，一位眉清目秀的营业员就上前告诉她，打算特意为她去进货，还当场记下她的鞋码。

为此，依兰兴奋得夜里睡不着觉，眼前老是出现这样一幅画面：她穿着一身玫瑰红运动服，脚上是一双鲜亮的白球鞋，长长的黑发披散在脑后，像梦中仙子一样奔跑在百米跑道上。

依兰估摸着那双白球鞋该到货了，现在她满心欢喜地拨开人群来到柜台前询问。不料，营业员吃惊地盯着她说道："不是卖你了吗？"还未等她回应，又接着说："真不好意思，这次就为你进了一双。"

"我没买呀！"依兰急得涨红了脸。

营业员看那阵势，知道她没有说谎，再对她从头到脚细细打量一番，便发现是自己忙中出错，刚才卖给了一个同她长得相像的人，便赶忙对她说明情况，并保证为她加速进货。

依兰听罢觉得好生奇怪，以前常有陌生人把自己同惠惠混淆起来，可穷得叮当响的惠惠哪有钱来买白球鞋呢？那么就是说，除惠惠以外还有一个长得同自己相像的人。此时，她已把买鞋的事丢到好望角去了，一门心思琢磨可以同自己以假乱真的那个人。她的嘴唇动了动，看来还想向营业员打听点什么，但见营业员忙得团团转，估计也问不出什么名堂了，因而，最终没有开口，只是点了点头。

依兰满腹心事地往门口走去。

途经布匹专柜时无意瞟了一眼，惊得她差点发出尖叫声。那个平日里灰头土脸、从没有兴趣打扮的惠惠居然也会出现在这里。

依兰好奇地向那边挪了几步，见惠惠正挤在人堆里，对着花花绿绿的布匹东瞅西瞅。她想伸长脖子看个究竟，偏偏惠惠也转过身来，她的目光冷不丁同惠惠对视了两三秒后赶紧避开，移到了别的柜台上。她俩似乎谁也不愿意在此时此刻见到对方，但却真真切切看到了，惠惠脸上掠过一丝尴尬，但很快消失了，随即若无其事地同依兰擦肩而过。

依兰从后面看到惠惠鼓鼓囊囊的书包，不由问道："喂，你买了什么呀？"

惠惠突然停住脚步，犹豫片刻，从书包里取出一个长方形纸盒，转过身来扔给依兰。

依兰猝不及防一把抱在怀里，慌忙打开纸盒，一双耀眼的白球鞋一下呈现在她眼前。她立刻想起那位营业员的话，恍然大悟："噢，原来就是你买了那双鞋！"依兰惊得张大嘴巴。

"你不是说喜欢穿白球鞋吗？今天凑巧看到，就为你买了。"还是那种平淡无奇的神情，依兰还没想好怎么回答，惠惠一阵风似的飘走了。

　　依兰情不自禁追了上去，一眼看到惠惠打着补丁的裤管下那双磨破了鞋跟的土布鞋，瞬间鼻子一酸，眼泪说流就流到脸上。

　　难道真是凑巧吗？她想起自己曾在教室走廊里与同学聊过喜欢白球鞋之类的话题，可是已好久没再提了，本来也是无心之语，哪知有人竟把它记在心里了，而这个人对依兰平常过于重视外表的细枝末节是最最反感的。再说了，凭惠惠的家境，要凑齐这笔鞋款，不知她熬了多少个夜晚，纺了多少斤棉纱呢。而这点血汗钱，惠惠应该用它来为自己添衣买鞋才是，她也是爱美的花季少女呀，但惠惠偏偏——依兰捧着那双心爱的白球鞋，嘴唇哆嗦着，眼泪一滴一滴地往下掉。

　　有好多事年少的依兰还并不完全明白，比如他们曾经是好好的一家子，父母为什么偏偏要把她送给人家。

　　听说当时母亲先后生下她们四姐妹后，整天满脸愁云。封建的老爷爷皱着眉头，挨个为她们取名为金娣、求娣、惠娣（即惠惠，后来老师为她改名为惠芳）和招娣（依兰），说白了，就是渴望家里早添贵子，以圆香火梦。还好，在依兰不到三岁那年，母亲终于生下弟弟，从此，大人们的脸上挂上了久违的笑容。

　　可惜好景不长，仅仅过了两年光景，父亲因病长年卧床不起，家里因此吃了上顿没下顿，无奈的父母忍痛把聪明伶俐的招娣送给了街上的一户好人家。石招娣摇身一变成了吴依兰。

　　从此，依兰过上了令人羡慕的生活。在这个新家里，她是唯一的小孩，奶奶对她百依百顺，呵护有加，养父母都是有素质的企业领导，不仅把她当作亲生女儿，还对她的家庭有所接济，因而，依兰总是甜甜蜜蜜地喊他们爸爸妈妈，而称呼自己的亲生父母为干爹干妈，因为，她心里总有道跨不过的坎儿。

依兰和家人虽然骨肉分离，但毕竟同在一个公社，况且，从初中开始她和惠惠还在同一学校，她们之间偶然也有来往，尤其是惠惠不时会去看她，尽管依兰从不给惠惠好脸色看。姐姐惠惠比依兰大一岁，因而比她高一个年级，在四姐妹中就数她俩长得最像，个子也差不多高，脾气也一样的倔强。她俩从小就不太要好，常常为一件小东西，争个你死我活。长大后，也常为一句话而争得面红耳赤，以至于，依兰从来没有叫过惠惠一声姐姐。

这个世上有些东西尽管分离，但也是无法割断的。她们其实还是爱着对方的。日复一日的经常相遇，不经意中流露出许多痕迹，虽然，彼此表面都不肯承认，惠惠潜意识里有着作为姐姐的担当。惠惠不喜欢依兰自由散漫的样子，讨厌她对打扮外表过于热心；不让她因为得了作文奖而沾沾自喜；上课偷看课外书的时候使计阻止依兰；不愿加重她负担而隐瞒了她母亲阑尾炎动手术住院的消息；干扰她对夏冬的暧昧举动……好像处处在与依兰作对。

可依兰心里是明白的，只是有些不服气罢了，凭什么好事都让惠惠占着，本来这也没什么，可是惠惠偏偏是她的亲姐姐。因为惠惠，她在家人面前都没有趾高气扬过，因为尽管自己成绩也不错，体育又拔尖，可就是超不过惠惠。而父母也习惯于用惠惠做榜样来要求她，这令她心里愈加郁闷，唯有经常同惠惠斗斗嘴、抬抬杠、捣捣乱，心里才会平衡些。可某些时候也会情不自禁地牵挂惠惠，关心惠惠。比如给病中的惠惠送药啦，雨天给惠惠送伞啦，等等，谁让她俩是同根生呢？

"姐姐……"依兰冲着惠惠的背影把双手拢到嘴唇边，使劲喊出了第一声姐姐。也不管惠惠能否听到，更不去留意行人诧异的眼神。

悠长的小街上，回荡着依兰热切的呼唤声。

青春三部曲之一
燕归来

半个世纪前的江南小村，一个炎热的午后，阿龙、小明和丰丰钻在一片茂密的桑林里割草。很快，他们把湿漉漉的衣服扒下来，搭在草筐上。

他们蜗牛似的爬行在桑树间，疯割一阵后，忍不住从略略稀疏的桑枝间探出头来，一面呼哧呼哧喘着气，一面大把大把地抹掉满脸臭汗。

一阵清风吹过，桑叶簌簌作响。

阿龙、小明和丰丰岂能错失这股凉爽的清风？他们撇下镰刀草筐，猫着腰从桑林里钻出来，仰头展臂，尽享风的凉快。

凉风捎来一阵悦耳的乐声。

阿龙细听那声音，"谁在吹笛？"他很惊讶，再听听，像是《小燕子》笛奏曲，好似流云舒卷自如。

"快去看看！"阿龙潇洒地一挥手，循声跑去，小明和丰丰紧跟其后。

笛声突然消失在风中……

通往小镇的田埂上走来一个冒着热气的大叔，哼哼呵呵地挑着两个箩筐，前筐装满杂物，后筐蜷缩着一个穿花衣服的大女孩。女孩纤眉大眼，梳着乌黑的独辫，手镯在阳光下闪着银光。

阿龙、小明和丰丰三个赤膊光脚的男孩在路旁傻站着，看得出神。

这么好看的大女孩，竟让人挑着，太奇怪了！此时，他们已把寻找笛声的事丢在脑后。

箩筐里的女孩，转过脸来看着他们，发现是三个小黑皮，一串风铃般的笑声响起。小黑皮们羞红了脸，一溜烟跑向桑林，可没等大叔走远，三个小黑皮又停下脚步回头张望。

第二天，阿龙他们三个小脑袋就凑在一起，听丰丰细讲打探到的那大叔的情况。大叔原是本村人，因长着两颗夸张的虎牙，大家便叫他虎牙，叫得多了，他的本名反倒被人忘了。虎牙小时候，父亲服错了药成了痴呆，母亲跟人跑了，他和父亲全靠姑姑以及村里人接济过日子。十二岁那年，他跟姑父走南闯北做鞋匠，学了一手好手艺。二十岁时虎牙做了一户山里人家的上门女婿，山里人家离县城不远，且三面环山。虽然虎牙岳父母都是病秧子，但他们靠山吃山，虎牙小两口又吃苦耐劳，虎牙还有手艺，头两年日子倒过得不错，只是，全家有块心病——老是不见虎牙老婆肚子有动静。不久，虎牙老婆因病瘫痪，好日子说没就没啦，还一下子断了香火。所幸，虎牙在老家门口捡回个女孩，女孩给这个家带来了希望，自然也成了家里的掌上明珠。

"捡来的？"阿龙很惊奇。

"是的，就是坐在筐里的女孩。"丰丰肯定地回答，"听说那女孩跟我们一样，快升六年级了。"

虎牙的老家在村庄东头，是三间破旧的瓦房。虎牙姑姑和好心的村里人知道他要回来，都赶来帮他打扫收拾，顺便，送上柴米油盐和日常用品。

阿龙、小明和丰丰也好奇地赶来凑热闹。

大人们一边做事，一边同虎牙聊天。他们聊得最多的是虎牙做鞋的事，有些人想让虎牙帮着修补鞋子，虎牙有求必应，马上把工具摆在堂屋，为大家补鞋以示谢意。

女孩在门前不远处，同村里的女孩们叽叽喳喳说笑个不停。她那件漂亮的花衣服、乌黑光亮的长辫子和闪光的银手镯，自然成了天性爱美的女孩们津津乐道的话题。

阿龙心里有种很奇怪的感觉，想同那女孩说说话又不好意思走过去，怕被村里的女孩取笑，会在那女孩面前丢脸，于是，他想做些能引起她注意的事。阿龙带着那帮男孩玩起了"老鹰抓小鸡"的游戏，围绕着那女孩起劲地追逐嬉闹。闹腾一阵后，又变着花样，像猴儿一样，爬上老槐树表演起攀爬树枝的杂技，累得大汗淋漓才肯消停一会儿。他们或挤成一堆儿，或骑跨在树杈上，眼睛有意无意地瞟着那女孩。那女孩好像根本没看见他们，仍然与村里的女孩们有说有笑。阿龙决定改变战术。他冷不丁把丰丰推到女孩堆里，丰丰嗷的一声急忙闪开，女孩们乱哄哄地惊叫着跺脚咒骂。阿龙趁乱使劲喊道："喂……丰丰想知道，那个新来的女孩叫什么名字？"

大家冲着丰丰挤眉弄眼地笑弯了腰。丰丰羞得小脸直透红，心里很生气，却不敢戗着阿龙。

那女孩听后抿嘴笑笑。"她叫燕儿，"一个快嘴女孩大着声抢着回答，"燕就是燕子的燕……"

多好听的名字，阿龙对她渐生好感。他特意从悬在腰间的长条布袋里抽出竹笛，想吹个曲子让燕儿听听，好在她面前露一手。

阿龙吹笛的本领在村里是最厉害的。

小明和丰丰卖力替阿龙维护秩序。小明把双手拢成喇叭状，凑到唇边大声喊着让大家安静下来，丰丰则东奔西跑用手势配合着小明。喧哗声渐渐终止，《东方红》乐曲悄然响起。

燕儿慢慢走过来，笑眯眯地看着阿龙，这让阿龙激动不已，吹起来更带劲了，他把全部本领露完后，得意洋洋地瞧着燕儿。

不料，燕儿转身回家取来竹笛也吹奏起来。"小燕子，穿花衣，年年春天到这里……"一曲委婉动听的笛声悠然响起。

多么熟悉的乐声呀，阿龙突然想起那天凉风送来的美妙音乐，就是它，肯定是它，阿龙没想到能吹出天籁之音的高手就是眼前的燕儿。

燕儿吹笛的样子真好看，她随着旋律微微扭动着柔软的腰肢，而阿龙吹笛时却像僵立的电线杆；燕儿能吹出许多孩子们爱听的曲子，而阿龙翻来覆去就那么三五首。在孩子们听来燕儿的笛声娓娓动听，相比之下阿龙就差多了。于是，孩子们对燕儿赞赏不已，觉得她比阿龙厉害好多。以前佩服阿龙的那些孩子，也转过来敬佩燕儿了。

这时，谁也没有注意到阿龙的情绪变化，也没有人注意到他是什么时候离开的。

阿龙垂头丧气朝村口走着。他感到慌乱和烦躁，本想露一手给燕儿瞧瞧，没想到反倒让自己当众出了丑。阿龙怎么也想不到，看上去弱不禁风的黄毛丫头居然把笛子吹得那么好，自己根本无法同她比，以后孩子们准拿这事来嘲笑他。

阿龙怎会想到，燕儿的堂叔是方圆几十里的吹笛好手，还是制笛高手，他能用竹子做出各种音调的笛子，并以卖笛为生。燕儿从小用堂叔为她做的竹笛跟他学吹笛，上学后又经专业老师指点，吹笛的水平自然了得。

阿龙对燕儿由原来的喜欢渐渐变成了嫉妒和怨恨，他认为，都是燕儿弄得他在众人面前抬不起头来。

燕儿成了村里孩子们崇拜的对象，她每天都能给孩子们带来新鲜事儿。比如讲山里人家的风土人情和城里的有趣事儿。她常常为小朋友唱歌跳舞，还用笛吹奏不同的歌曲，并且能讲出每首曲子里的故事。她家每天都聚集了好多孩子。她走到哪里总有一些孩子跟着，就连阿龙最要好的伙伴小明和丰丰也成了燕儿的跟屁虫。孩子们还时常把香瓜、野菱和鸡窝里刚抓的鸡蛋给燕儿。

连续好几天没有人跟阿龙一起玩耍，他感到很孤单。他实在不甘心眼睁睁地看着燕儿把他两个最忠实的随从抢走，决定想个法子把小明和丰丰夺回来。他把这看成是同燕儿展开的一场争夺战。他对小明和丰丰重新回来信心满满，因为，他们是发小，又是同班同学，而阿龙一向是村里的孩子王，阿龙让他俩到哪里，他俩就会到哪里。现在，他俩只是对新来的燕儿好奇而已，只要略施小计，他俩准会乖乖回来继续听他发号施令。

这天傍晚，阿龙开始行动了。他来到村口河边的大树下等着，小明和丰丰去找燕儿都得路过这里。

不一会儿，蹦蹦跳跳的小明和丰丰在不远处出现了，他俩手里都拿着个香瓜，脸上洋溢着灿烂的笑容。

小明和丰丰乍见阿龙非常高兴，热情地拉他一起到燕儿家去。当晚燕儿要教孩子们唱《小燕子》，还要用笛子吹出许许多多的鸟叫声，孩子们从没听见过，都赶着要去听呢。

"哼，谁稀罕！我不去。"阿龙不屑地说。其实，阿龙心里也想去，但他满肚子不愿意为燕儿捧场，而且，还想把小明和丰丰带走。他笑嘻嘻地说："你俩跟我去阿姨家吧，我阿姨今天摘了好多大枣子，让我去吃。"若是之前，小明和丰丰肯定二话不说跟着他走了，可现在，他们觉得去燕儿家更带劲。

说话间，相继走来一群孩子。女孩们手里摇着小蒲扇，男孩子光着脚丫赤着膊。他们经过阿龙面前时，都是满脸喜悦的样子。小明和丰丰朝阿龙摆摆手，兴冲冲地跟着人群走了。这场争夺战刚由阿龙拉开序幕就以他的失败而告终，很丢人。

阿龙再次遭遇冷落。确切地说，这次是被自己最好的小伙伴抛弃了。这是多么惨重的失败啊！

阿龙先是心生伤痛，后是重重的失落，末了化为一蓬愤怒的火焰在胸中燃烧。他把这一切统统归咎于燕儿，都是她的归来，他的好友才敢这样不听他的号令。

阿龙已记不清是怎样回到家里的，直到他家的狗狗阿黄伸出长长的舌头，舔着他的脚丫，他才缓过神来。他下意识地牵着它往外跑。

阿龙毕竟是个孩子，他的好奇心绝对不比其他孩子弱。尽管他漫无目的地溜着狗，可心里总惦记着燕儿那边的事，过去看看的念头一直在脑子里闪动，控制不住内心的欲望，双脚自然往燕

心语

儿家的方向走去。不过，就这样走过去的话，总归有点拉不下面子。阿龙打算到时故意把阿黄往燕儿家那边赶，然后，假装寻找阿黄，从那里路过顺便看看。

寻常很忠实的阿黄这次好像也不听话了，它陶醉于同其他小狗追赶嬉闹的快乐中，不肯跟阿龙走，阿龙只好把它抱在怀里朝前走。阿黄喉咙里发出"呜呜呜"的低吼声，只是不敢造次。

燕儿家门口是一块泥场，南边紧挨着一条弯弯的小河，东侧长着一棵高大的老槐树，树枝上悬挂着一盏桅灯。孩子们簇拥着燕儿，吹着、唱着、跳着、闹着。歌声伴着嬉笑声响彻夜空，也钻进了阿龙的耳朵。他紧赶慢赶到了燕儿家门前，放下怀里的狗狗，狗狗撒腿就跑，阿龙装作寻狗的样子，在周围绕了一圈，找来几块碎砖摞了个小凳子，坐下来朝燕儿那边张望。阿黄默默地趴在他的脚边。

燕儿吹奏着心爱的《小燕子》。几个手持竹笛的孩子跟着像模像样吹起来，其他孩子随着笛声欢快地唱起了歌儿。不一会，燕儿又用嘴模仿着各种鸟儿的叫声，接着用笛子一口气把山中几十种鸟儿的叫声都吹了个遍，宛如许多鸟儿在燕儿家门口盘旋鸣叫。

"太好听了，再吹一个！"

"再吹一个呗！"

……

孩子们听到如此惟妙惟肖的鸟叫声欢呼雀跃。阿龙也很吃惊，如果不是亲耳听到，他绝对不会相信一个毛丫头，竟然有这等本事。

燕儿无意间抬头，恰好与阿龙的眼光相触，她微笑着冲他点了点头，这个友好表示让阿龙感到很不自在。他慌忙转移目光，心里觉得再次输给了燕儿，更加不服气。他决定给她致命一击，让她乖乖求饶。

阿龙用轻蔑的目光紧紧盯着燕儿，恨恨地说："你吹笛是跟谁学的呀？"

"堂叔。"燕儿不假思索。

"哼，我是跟我亲爹学的，你怎么跟别人学呀？"阿龙站起来，双手叉着腰，挺挺肚子，傲慢地吼道。

"我，我——"燕儿眨巴着眼睛，一时语塞。

场上顿时鸦雀无声。

"没话说了吧，你没爹，你是虎牙捡来的野孩子，你是个野孩子！野孩子！"阿龙的声音气急败坏。

孩子们被突如其来的事情蒙住了。他们从未听大人说过此事，自己也没想过，现在经阿龙突然这么叫喊，觉得正在同一个野孩子玩耍，顿时冒出一种莫名的情绪。有的男孩觉得很刺激，就跟着阿龙一起叫嚷起来。小明和丰丰这时又找到了与阿龙的相同点，挥动着结实的小胳膊，不住地狂喊："野孩子！""野孩子！"阿黄也来凑热闹，上蹿下跳，"汪汪汪"叫个不停。在一片混乱中，不少孩子一时没了主意，只是东张西望，竟没人站出来为燕儿解围。

燕儿吃惊地朝阿龙望望，蓦地里悟到他这人多么恶毒。他有意当着孩子们的面，揭她老底，谩骂她，叫她威风扫地，除了向他求饶，或者跟他对骂，几乎没有第三条退路。然而，如果她哀求了他，不但脸面扫尽，以后更是抬不起头来了；如果她当众跟他吵闹，只会越闹越糟。她偏不！就算她被他辱骂了，他只是口头上占了点便宜，他还是没有击败她。既然他没有击败她，她也没有跟他闹翻天，或许，某一天他还会回到她这边来，带着较为友好的态度。

燕儿打定了主意，便闲闲地靠着孤灯下的槐树，吹起笛子来。然而，她的腮颊变得火烫，扑簌簌滚下来两行泪珠子，更觉得冰凉，直凉进心窝里去。

那些跟着起哄的孩子，看见燕儿哭了便没了声响，悄悄溜走了。

打了胜仗的阿龙乐不可支。虽然没有达到他想要的效果，但毕竟击败了她，心里有说不出的高兴。

小明和丰丰叫喊时，燕儿狠狠地盯着，一直盯到他们羞得躲到阿龙背后，才收回目光。他们觉得刚才的鲁莽行为已深深伤害了燕儿，以后没脸再跟随燕儿了，只能跟着阿龙同燕儿作对了。

阿龙见燕儿哭了，觉得没有必要继续打击一个手下败将，就忙不迭声招呼大家："走吧！走吧！"于是，大家都三三两两地走了。

阿龙一打响指朝村口疯跑起来，小明和丰丰带着阿黄紧随其后。过了不久，阿龙他们怪里怪气的欢叫声从村口随风飘来。

孤灯下的燕儿心里一牵一牵地痛着，以漾满泪水的眼眸，怅怅地遥望着时隐时现的那弯新月。

不过，阿龙他们很快惊奇地发现，那些离开燕儿的孩子又三五成群地回去同燕儿玩了。难道他们不再看不起她了？阿龙他们赶忙追上去问:"你们怎么愿意同野孩子一起玩了呢?"

孩子们七嘴八舌道:"我爹说,燕儿能说会道讨人喜,吹笛唱歌样样行,村里的孩子根本比不上她。"

一个孩子话音刚落,另一个孩子接着说:"听我娘说,虎牙对燕儿比亲爹还要亲,他常背着燕儿跑老长的山路到城里看电影呢。"这孩子又做着鬼脸指着阿龙说,"不像你,小时候老是被爹扒下裤子打屁股。"阿龙被噎住了,脸上一阵红一阵白。

阿龙他们还没来得及欢庆胜利就又败下阵来了。

小明和丰丰几次想要回到燕儿身边同她玩,但每次靠近就被燕儿的玩伴嘲笑是"墙上草,两边倒"的叛徒。所以,他们又无奈地回到阿龙身边同燕儿为敌。

燕儿清晰地记得,阿龙他们开始对她是热情友好的,为了接近她还想方设法。可她闹不清,后来他们为什么要把她当成敌人呢。她要弄个水落石出。

燕儿来到村口河边的大树下,等待割草回家的阿龙他们。

"你瞧,是燕儿!"小明老远看见了燕儿,感到喜出望外。

丰丰跨步向前踮脚张望:"是——是——她——"他激动得语无伦次。

阿龙看见燕儿时心头一热。他也喜欢看到她,不过,想到自己是要同她对着干的,因此绝对不能让她知道自己喜欢看到她,不能给她好脸色看,也不准小明和丰丰给她好脸色看。

他们迅速收起笑容,目不斜视地盯着前方。

"难道你们没有看到我?"燕儿气咻咻地说。

阿龙背着草筐从燕儿身边经过,冷冷地扫了她一眼,一声不

心语

吭地走了，小明和丰丰紧跟在后面。

"你们为什么这样对待我？"燕儿的目光闪电般地扫过，小明和丰丰急忙耷拉着脑袋闪到路边，只有阿龙还昂着头。燕儿明白，这一切都是阿龙在捣鬼，于是，冲上去，抓住阿龙的草筐不放手。阿龙只得把背着的草筐放下地来，瞪大眼怒视着燕儿，可他的目光刚同燕儿对视便迅速避开，移到河面上了。

"我的笛子吹得比你好，你就怨恨我，是吗？"燕儿一语道破了阿龙的心思，羞得他低下头来，可为了脸面，他死活不肯承认，故意恶狠狠地答道："不是的！"

燕儿一不做二不休，再三盘问着阿龙。阿龙有点抵挡不住了，他害怕燕儿犀利的目光再次看透他内心的秘密。怎么办呢？他小眼珠骨碌碌一转就有了主意，回避是最好的办法，身边的小河就是最好的去处。阿龙一头扎进河里躲藏起来，小明和丰丰眼见孩子王逃之夭夭，也赶紧扑通一声跳进了河里。

燕儿听不到满意的回答决不离开。她死盯着时不时从水中冒出来喘气的三个小脑袋，在河边紧追不舍。

阿龙他们害怕极了。假如，她老这样候着，那该怎么办呢？

"她难道不回家吃晚饭么？"阿龙决定，只要她不离开他们就绝不上岸。

燕儿来到小河尽头的桑林边，等了好久，也不见他们上岸，就咬着牙爬到小土堆上一屁股坐下，居高临下地观察河面动静。

阿龙他们一看苗头不对，她要同他们死撑到底了。小明和丰丰望着阿龙等他拿主意。阿龙脑子转得快，赶忙游到河尾，猫着腰往上爬。他想绕开燕儿，穿过桑林回到原地取草筐。不料，慌乱中阿龙的小裤衩被桑枝紧紧咬住，顺势用力一拉，小裤衩被扯得像面小旗在风中一荡一荡的，窘得他赶紧用手捂着屁股往里钻。小明和丰丰紧跟而上。

燕儿见状马上有了新主意。她不跟他们跑了，而是抄近路快速走回原地，利索地倒掉阿龙他们竹筐里的草，又把三个空草筐叠在一起，再找来一根树枝，扛起草筐就走。

阿龙他们在不远处眼睁睁地看着燕儿扛走自己的草筐却束手无策。

"这个女孩可厉害呀！"小明抹抹头皮，轻轻地说。

"她怎么有那么多本事呢？"丰丰佩服得五体投地。

阿龙也认为她实在了不起，自己根本不是她的对手，后悔在没有完全掌握"敌情"的情况下草率行动，看来后果会很惨的。

暮色已浓，家中的绵羊和白兔等着吃草呢。阿龙他们只好偷偷溜回原地，弄来几根枯藤，手忙脚乱地扎了三捆青草，小明和丰丰各抱一捆挨着肩走在前头，阿龙拿起一捆遮住屁股紧跟在后。他们想混过众人的目光回到家。

幸好，在村口碰到的熟人都没在意阿龙他们。不过，稍后危情就出现了。只见燕儿带着一些孩子排在他们的必经之路两侧，三只空草筐摆在路中间。他们的表情神秘兮兮的，好像在等着看什么好戏。

待阿龙他们发现"敌情"已经晚了，他们既不好意思朝前走，也无法往后退，陷入了两难境地。如果再不走开，人会越聚越多。于是，阿龙挤到小明和丰丰中间硬着头皮往前走，丰丰顺手把三只空草筐拖走了。

心语

可燕儿不肯就此罢休,她拉大嗓门说:"你们中间好像有个光屁股呵。"

"光屁股!哈哈哈……"孩子们说着,笑着,好奇地将阿龙他们团团围住,弯腰瞪眼仔细寻找光屁股,随即,他们哄笑起来,吵吵嚷嚷地叫喊着:"看到了,阿龙光屁股,阿龙光屁股啦!"

村里四五岁的小孩,光着屁股满村跑也没人笑话,一般超过六岁就得穿好裤子,否则,会被大家嘲笑。阿龙已经十三岁,是必须规规矩矩穿好裤子的小大人了。现在,阿龙虽只露了一块屁股,但足以让他在众目睽睽之下羞得无地自容。在众人的哄笑声中,阿龙在小明和丰丰左推右搡的护卫下冲出包围圈,飞快逃回家,好几天不敢出门。

阿龙深感这是他从小到大蒙受的最大羞辱,或许,从此"光屁股"的绰号会被村里人叫喊到老。

可在燕儿看来,阿龙露点屁股算不了什么,自己只是同他开个玩笑而已。她以前生活的山里人家,十二三岁的孩子光着屁股到处疯跑是常事,即使是大人在溪水潭里光着身子一起洗澡,也是再平常不过的事。

可燕儿不了解这里的风俗习惯,无意间使阿龙这个小男子汉的自尊心受到了重大打击。这无疑让阿龙更加痛恨燕儿了。

连续好几天,阿龙躲在家里为打败燕儿煞费脑筋。有了前几次失败的教训,阿龙不敢盲目行动,有几次想出击又缩了回来。暑期生活的最后一段日子就这样在阿龙的犹犹豫豫中迅速滑过。

开学后,燕儿居然成了阿龙的新同学,还替代他当上了班级文艺委员。不久，班主任又让她参加全校文娱汇演，表演节目是她最拿手的笛子独奏《小燕子》。

乍听到这消息，阿龙只觉得脑袋嗡的一下，身子都凉了半截。他记得去年学校的文娱汇演，他的笛子独奏得了个纪念奖，可今年却连参演资格都没有。

是她！都是她！让他在村里没脸见人不算，现在又霸占了他文艺委员的位置，还剥夺了他的参演资格，令他在同学面前又矮了一截。阿龙双手紧紧捏着小拳头，两眼喷出仇恨的火花，他要逮个机会老账新账同她一起清算。

当天放学路上，阿龙故意问小明和丰丰，他同燕儿比起来谁的笛声更好听。小明和丰丰面面相觑，先把阿龙捧得天花乱坠，再把燕儿贬得一塌糊涂。阿龙让他们说真话，他们就吞吞吐吐地说，阿龙同燕儿差得太远了。阿龙顿时火冒三丈。他们十分害怕，赶忙改口对他拍马屁，说燕儿吹得好是因为堂叔为她做的笛子好。阿龙听后兴奋不已，因为他自己也是这么想的。自从听说燕儿的笛子是她堂叔——制笛高人亲自做的，每次听到她美妙的笛声时，阿龙总认为是她的笛子比自己的好，而今天，小伙伴的话印证了他的想法。这么说来，如果燕儿失去好笛，就像老虎没了牙齿，就再也无法神气活现啦。战机终于来了，阿龙的脸上露出一丝狡黠的笑意。

战斗就在学校举行文娱汇演的前夜悄悄进行。

这天晚上九时许，家家户户已吹灯熄火，上床睡觉。阿龙他们从各家悄悄溜了出来，如约在村口河边的大树下碰头，然后，一起往燕儿家走去。他们已经想好了要对燕儿做的坏事：拿走她的竹笛。明天就要演出，燕儿没有了自己的笛子，肯定会出尽洋相的。

阿龙他们站在屋前，四处张望。屋里传来燕儿的咳嗽声，接着窗口透出微微的亮光，虎牙好像在忙着什么。

他们摸到窗边往里面看，虎牙在土灶前烧火。土灶旁一张破旧的长方形木桌上有只小竹篮，燕儿的笛子就在里边。之前，阿龙已来侦察过。不一会，虎牙从锅里舀了一碗开水，又回房间去了。

阿龙从窗口钻了进去，小明和丰丰在门口站岗放哨。阿龙按照原来观察好的位置，迅速取了竹笛又从窗口钻了出来，带着小明和丰丰消失在夜幕中。

很快，阿龙他们聚集在村口大树下，摆弄着燕儿的好笛子，猜测着明天她的悲惨下场，得意的坏笑声在夜空中响起。

第二天，阿龙他们故意提早上学绕道经过燕儿家附近，想看看燕儿家有什么动静。他们期待听到虎牙谩骂小偷的声音，更希望看到燕儿心急如焚的样子。可是，虎牙家什么声音也没有，门窗都开着。阿龙他们走近门口，正伸长脖子向里面窥视时，燕儿从里屋走了出来。今天，她穿了一件大花衣服，乌黑的独辫上扎着粉色蝴蝶结，手腕上依然戴着漂亮的银镯子。燕儿惊讶地望着他们。

阿龙慌忙叫道："快走！"三个人撒腿就逃。

当天，燕儿的笛子独奏《小燕子》获得全校一等奖。她用的是虎牙清晨向邻居小朋友借来的竹笛。这让阿龙目瞪口呆。

当天晚上，阿龙质问小明和丰丰，燕儿的笛子比他的好是否是真的。他俩支支吾吾。阿龙再三保证不再骂他们，他俩才说了真话。之前，他们是因为害怕阿龙才说了假话，其实，阿龙真的没法同燕儿比。阿龙紧抿嘴巴，脸色陡变。这次，阿龙没有骂他们，他要听的就是真话。

"我要超过她！"阿龙站起身，砰的一声，小拳头重重地落到了身旁的木桌上。阿龙打算从现在开始，每天抽空练吹笛，等长了本事再同燕儿比个高低。

阿龙想偷偷练习，不让燕儿和村里人听到笛声，如此就只能躲到远处去练习。小明和丰丰作为好友当然也要跟着去陪练。

一个星期日的早晨，阿龙他们带足了一天的干粮，牵着五六头绵羊，来到龙舌头。这里三面环水，远离村庄。

阿龙骑在树叶茂密的树桠枝，狠命地吹着笛子。他让小明和丰丰跟着一起学，到时他们三人同时站出来，一定能压住燕儿不可一世的傲气。可他俩才吹了一会儿，就以肚子痛喉咙痛等理由想逃避。阿龙看透了他俩的小心思，笑骂道："懒虫，走吧，我自己练。"他俩长吁了口气，拍胸脯让阿龙放心，阿龙家的绵羊由他俩代管。其实，小明和丰丰也喜欢吹笛，但他俩自知没那个本事，也懒得吃苦练习，因此，才找理由来逃避。

阿龙在这里吹呀吹，不知不觉吹了一整天。小明和丰丰听得耳朵嗡嗡响，尽管耳朵里塞了用来隔音的野果子。直到天黑月明时才从苦海里跳出来。

阿龙他们牵着绵羊往回走。

他们借着淡淡的月光，小心地照看着绵羊，害怕它们在不经意中摔倒。他们知道绵羊对家里很重要，母亲要用羊毛织成毛衣,让阖家老少穿着过冬的。

好像越是担心就越会出事。刚走了一截子,空中忽然飘来一大片乌云,随即,乌沉沉的风卷着白辣辣的雨,劈头盖脑打下来。受惊的绵羊挣脱牵绳,四处乱窜,有几只陆续滚入田沟,发出凄惨的叫声。

小明和丰丰急得团团转,还是孩子王阿龙急中生智,赶忙抽出竹笛使劲吹起了《小燕子》,小明和丰丰忽然明白阿龙想用笛声通知燕儿和村里人,于是,赶紧和阿龙一起吹。阿龙他们一遍遍地吹呀吹,吹得笛声都变调了。以前,阿龙痛恨燕儿,眼下,却狂热期盼燕儿早点听到这特殊的呼救声。

风儿穿过雨帘把阿龙他们的笛声送往村庄……

晦暗的雨帘中,他们三人突然发现星星点点的幽蓝色微光,好像在水中晃荡着向这边漂来。

"快来人!快来人啊!……"这时,小明和丰丰激动得跳起来拼命呼喊。阿龙的笛声没有停下,吹得更加卖力,内心狂喜:燕儿真的听到啦!

没过多久,村里人穿着蓑衣或雨披,提着桅灯循声赶了过来。走在前面的是虎牙。燕儿像小猫一样温顺地趴在虎牙背上,她裹着一件小雨衣,看上去很疲惫。

乌云散尽,大雨渐止。阿龙、小明和丰丰先回村了。他们的父亲和一些村里人在后面扛着受伤的绵羊,几个小伙子还在四处寻找失散的绵羊。虎牙背着燕儿跟在阿龙他们后面。阿龙他们几次回头很想对燕儿道谢,但他们谁也不好意思先开口。

虎牙回到村口就往家里走。阿龙他们分别回家看大人给绵羊治伤。今天他们三家都很热闹，点了几盏桅灯和煤油灯，把屋里照得亮亮的，村里一些大人也来帮忙给绵羊冲洗、上药和包扎。孩子们则好奇地从家里跑出来看热闹。

阿龙被母亲揪着耳朵进里屋："是你的馊主意吧，跑那么远，弄成这模样。"母亲边责骂阿龙边端来一盆水，又说，"还不好好洗洗，以后长点记性。"

阿龙草草换洗过后，母亲给他端来热饭时告诉他，天黑不见你们回来，大家担心出什么事了，但又不知上哪儿找你们时，虎牙背着燕儿找到了你爹，说燕儿听见笛声了，知道是你们吹的，还知道你们在哪里，让大家赶紧去找。大家不信，问她，大伙听不见，怎么就她能听到。燕儿说，你们吹的《小燕子》是她最熟悉的曲子，再加上吹笛的人对笛声特别敏感，所以她的判断错不了。大家还是用怀疑的眼光看着她，她便不顾虎牙的反对，冒着大雨在前边引路，大家这才半信半疑地跟着她一路找来，还真的找着了呢。这事情多亏了人家燕儿。

母亲的话打动了阿龙。他连夜找来小明和丰丰一起想办法，如何向燕儿表达谢意。在阿龙他们看来，他们是胸怀宽广、恩怨分明、铁骨铮铮的小男子汉，该要感谢的时候就要感谢。

第二天到校后，阿龙他们想找机会向燕儿表达谢意，但看到燕儿的座位空着，一时都没心思听课，午后打了会篮球，竟然把这事忘得一干二净，而老师跟同学也没人提起过燕儿。

整整三天，没见到燕儿，阿龙心里不踏实。

阿龙问母亲："燕儿怎么没去上学？"

"不清楚。"母亲想了想，又说，"那晚受了风寒，该不会感

心语

冒了吧?"

听说可能与他有关,阿龙免不了紧张起来,不一会便找来小明和丰丰,并提议去燕儿家表达谢意,顺便,看看她是否安好。小明和丰丰没吭声,但脚步是跟着阿龙朝燕儿家方向走的。

到了燕儿家附近,他们停了下来,阿龙转过身来看看他们俩,建议派个代表去燕儿家完成心愿。他俩觉得这个办法好,但又害怕落到自己头上,不由都倒退了一步。

还是孩子王阿龙有主见,他说,用"石头剪刀布"决出输赢,谁输了谁就去燕儿家。于是,他们起劲地比画着小手,一口气比了十来次,阿龙才算认输。他忐忑不安地来到燕儿家门口,哪知门窗都关着,砰砰地敲门也没反应,只得垂头丧气地往回走,小明和丰丰紧随其后。

快到村口时,阿龙他们忽然看到河边的大树下站了许多孩子,小胖正唾沫四溅地发布消息:"昨晚,虎牙背着燕儿上公社医院看医生了,燕儿心肌炎发作,快要死了!"

大家不信,觉得小小年纪的燕儿,那天暴雨里还帮着找人,才过三天,怎会快死了呢?于是,纷纷指责小胖胡说八道。

小胖只好拿出证据来,说:"虎牙为了救燕儿,把那对银镯卖给丰丰的堂伯了。"听说那对银镯是燕儿家的传家宝,是虎牙老婆临终前为燕儿戴上的,虎牙怎么可能把它给卖了呢?大家还是不太相信。

于是,小胖在前,后面跟了许多孩子直奔丰丰堂伯家看银镯,阿龙他们也在其中。

"他们都不信虎牙把银镯卖给你了。"小胖指着周围人群对丰丰堂伯说。

"我买下燕儿的银镯给女儿了。"丰丰堂伯说。果然，大家回头看到他女儿手腕上的银镯正是燕儿的，这才对小胖的话信了几分。

"你听谁说燕儿快死了？"阿龙问小胖。

"昨晚虎牙问我家借钱，我听他说的。燕儿心肌炎复发，硬撑两天后，吃不消了。"小胖觉得自己的消息比阿龙还灵通很骄傲，说话的嗓门也比刚才大。

阿龙马上想到那晚雨中燕儿疲惫的样子，感到事情不妙，赶紧说："快去看看！"旋即朝通往公社医院的田埂奔去，小明和丰丰也紧紧相随，他们的身后还跟了一串孩子。

阿龙和孩子们临近公社医院时，看到正在往回走的虎牙。虎牙说，还算送得及时，才保了燕儿的小命。燕儿趴在虎牙背上，乌黑的头发散着，披到腰后，有点蓬乱，脸色灰白，眯着眼昏昏欲睡。

几年前，燕儿得了急性心肌炎，虎牙急得六神无主。虎牙要供燕儿吃穿念书，还要赡养久病的老婆和岳父母，几乎已变卖了家中所有值钱的东西，只留下了老婆的传家宝——一对银镯。虎牙只能去卖血，用卖血换来的钱救活了燕儿。医生反复叮嘱他要让燕儿好好静养，如果复发会有生命危险。从此，虎牙不让燕儿累着，每当出远门，或雨天上学，他总是背着或挑着燕儿。

虎牙很早就想带着燕儿归来。当初给女儿起名燕儿，就是借燕子每逢春天都要返回旧巢之意，表达自己回归老家的愿望。近几年中他老婆和岳父母相继过世，虎牙就带着燕儿回来了。他要让女儿在这里生根开花,要为父亲养老送终,还要把老婆的骨灰埋在这里,以后,自己也不再离开这个村子。叶落总是要归根的,就是死了,灵魂也必须回来认祖归宗。

阿龙和孩子们都默默地跟在虎牙后面。阿龙他们很想跟燕儿说上几句话,但以前一直同她作对,现在不好意思突然间就转变态度同她去说话,最好能找个合适的过渡台阶,比如燕儿看到他们时点个头什么的,他们才能顺理成章地同她接上话茬,表达一声问候和谢意,就算了结以前的恩恩怨怨,从此开始友好相处。

小明口袋里装了两个莲蓬头,本想留着自己吃,现在,突然想送给燕儿吃,可他伸进口袋的手又缩回来,他怕孩子们笑话他。

丰丰看到燕儿脚上渐渐脱落的小凉鞋,很想帮她去穿好,可他刚上前两步又退了回来,他也怕被孩子们取笑。

阿龙轻轻吹起了《小燕子》,燕儿听到笛声微微睁开眼睛,慢慢转过头来温和地看着他们,脸上绽放出一丝笑容。

一股暖流在阿龙他们心里荡漾开来……

这段时间所发生的事情深深地触动了阿龙他们。他们仔细回忆了燕儿回到村里后的桩桩件件,渐渐明白了许多道理,学会了如何发现、欣赏和学习别人的长处,怎样寻找和不断改正自己身上的毛病。他们突然有一种长大了的感觉。他们各自的心里第一次隐藏了不想告诉别人的心思:要想尽办法使燕儿开心,让她快点好起来,同他们一道高高兴兴上学去。

小明抢先来到燕儿家里。他终于把口袋里的两个莲蓬头掏了出来,对燕儿说:"给你的。"燕儿笑纳了。第二天开始,他不是摸螺蛳，就是抓鱼虾，每天变着花样让燕儿尝新鲜，当然，也没忘捎上一个新摘的莲蓬头。

紧接着来的是丰丰。他坐在大木盆里下河采了许多野菱送给燕儿，燕儿很喜欢，于是，他就每天抽空为燕儿采野菱。

阿龙是过了一天才来的。当天回家，阿龙再三恳求父母为燕儿赎回银镯。他知道银镯对燕儿很重要。阿龙父母想到燕儿帮助寻找儿子一事，愿意挤出一些钱来援助燕儿，但因为家境贫困，而赎回银镯需要不少钱，所以，拒绝了阿龙的要求。阿龙突然跪在地上，苦苦哀求父母，并告诉父母自己打算多养几只羊和兔来贴补家用。父母见阿龙长跪不起被迫答应了他，马上东拼西凑了点钱为燕儿赎回了银镯。

这天，阿龙捧着燕儿的银镯和他们偷来的竹笛悄悄来到燕儿家。他把竹笛放回原处后，走到房间门口正要敲门，里边传来燕儿的咳嗽声，接着是虎牙的声音："苦头吃够了吧，那天雨大，我叫你别去！别去！让大人去寻找阿龙他们，你偏不听，这不，差点要了你的小命……"听到这里，阿龙大吃一惊，原来燕儿的病果真是因为自己，他的心再次被深深的愧疚紧紧攥住了。

每天晚上，阿龙总会来到燕儿家小河对面的柳树下，手持竹笛轻轻地吹，《小燕子》《让我们荡起双桨》……这一曲曲悠悠的笛声包含了阿龙所要说的好多好多话，也充满着青春少年相嬉相闹、相帮相助、相伴相长的浓浓气息。

阿龙知道燕儿都听到了。

当然，听见笛声的还有小明、丰丰以及整个村子里的人。

青春三部曲之二
心 语

燕儿上初中啦。

不经意间，燕儿由天真活泼的黄毛丫头，渐渐变成了一个身材高挑、面容姣好的少女。虎牙不得不用薄薄的木板，将东间隔成南北两个房，他和父亲住朝北，南面的给燕儿住。燕儿非常喜欢这个小房间，尽管里面堆满杂物，但那扇门一关，就隔出个小天地来，窝在小床上，有了心事，爱怎样想就怎样想。

燕儿爱美，她撕下窗格上的旧报纸，用破旧的绿色被单改制成窗帘挂上，闲时，就可以望着绿色遐想。有太阳的日子就更好啦，阳光穿过树枝，散成七零八落的光片，洒落在窗格上，透过绿色窗帘，若隐若现，温馨又诗意。

燕儿正值花季，终日充满绮思丽想。只是，当时穷陋的生活容不下浪漫情调。一天晚上，燕儿在木盆里洗澡时，忽见窗帘外有双眼睛在闪光。她惊叫一声，那人嘿嘿几声就跑了。燕儿听出他是谁，却不敢声张。

当天晚上，燕儿拆散旧课本，用纸在窗户上糊了一层又一层，糊得严严实实的，一点空隙也不漏。她在做这事的时候表情很复杂，好似在无奈地保护着什么，同时也牺牲了什么，在旁帮忙的虎牙自然感受到了她的情绪，所以，即便她屡次无端对他耍小性子，他都容忍下来。此后，大概有四年光景，燕儿再也没能见到那些细碎的光片洒落在绿色窗帘上的美景。

那时，燕儿最大的心愿就是买块厚厚的绿色窗帘挂上，不必担心偷窥的眼睛。可是，家里仅靠虎牙做鞋的微薄收入过日子，还有些借款尚未偿还，来不得半点奢望。

现在回想起来，燕儿真不知道自己是怎样挨过那段没有阳光的岁月的，更无法想象自己的父亲和爷爷挤在又暗又湿的朝北房间里，又是怎样熬过来的。

其实，他们没能熬出头。因为不久，爷爷死了，虎牙也患上严重的风湿性关节炎，家庭经济每况愈下。可家里再困难，虎牙也要保证燕儿念书。当时，村里有二十多个同龄孩子，论条件大多比她好，可念初中的也就四五个，燕儿是其中唯一的女孩。她因此感觉很幸运——有个比亲爹还亲且颇具远见的好父亲。

燕儿至今还深刻在心的是父亲时常唠叨的那些话："燕儿，爹大字不识一个，活得窝囊。我们家祖辈没有一个文化人。你老太爷临死前还念叨，我们家怎么出不了个秀才呢？你要争口气，让我到了地下对祖宗有个好交代。"

对于父亲的期望，那时候，燕儿虽不能完全领会，但她每天感受着父亲殷殷期待的目光，对他的想法也能略知一二。因此，她除了承担大量的家务活外，总想把每门功课学得好些，再好些，好让父亲过得快活些。燕儿常告知父亲老师和同学对自己的夸奖；她只带优等的作业回家，而容易出错的数学题尽量在学校完成；学习上的偶尔失误，她会选择隐瞒；面对考试她却从不马虎，通宵达旦地复习功课，所以，期末总能带回令父亲满意的成绩单和各类奖状。这时，父亲便会乐呵呵地把奖状贴上墙——那面墙仿佛是燕儿的光荣榜，挂着她读书以来获得的奖状。父亲还会拿着燕儿优秀的成绩单在邻里乡亲面前炫耀一番，哪怕一心种地的乡亲们并不以为然。

燕儿把欢乐留给父亲，而她有了不快，只能自个儿消化。幸好，她有个小天地，夜深人静时，一个人躲进小屋，在日记上喋喋不休，纠结的心随之渐渐释然。她每晚日记里晾出的内心是不同的，唯有阿龙的大名是天天相同的。

阿龙和燕儿同村，他与村里的小伙伴小明、丰丰跟她一起升入初中，又被分在同班。他们都是十四岁，阿龙只比她大五个月，可看起来却像大好几岁。燕儿在山里长大，生性活泼开朗，敢想敢说敢做，也勇于担当。而阿龙已从莽撞的顽童，蜕变成沉静稳重的少年，深藏在浓眉后的一对大眼，忽闪忽闪，不知道包含了多少意味。

刚上六年级，燕儿因冒雨寻找阿龙他们而导致心肌炎发作，几乎丢了小命，在阿龙他们以及家人的百般呵护下，燕儿很快康复。那时候，阿龙像守护神那样陪伴她左右，小明和丰丰常与他俩同来同往。大家走在一起时，大多是燕儿在叽叽喳喳，面对阿龙她不说话就觉得难受，非得把周围空气都填满才会舒服。阿龙总会见机行事，或帮她提书包，或牵她过小木桥，总是在她需要的时候搭把手。小明和丰丰时不时会向前紧跑几步，然后，回头冲他俩莫名其妙地大笑几声，阿龙一声不出。燕儿不明白他们笑容里的内容，只管跟在打打闹闹的小明和丰丰后面安心地走路，继续不停地跟阿龙说这说那。

阿龙也常来燕儿家。他不厌其烦地帮燕儿补习因病落下的功课。若是疲倦了，他就折叠纸飞机消遣，偶尔真有大飞机嗡嗡飞过时，阿龙总会冲出门外，仰头看得出神——他一直梦想驾着大飞机翱翔在蓝天白云间。阿龙算术学得很好，再难的题目也能解出来，语文基础也不赖。

在阿龙的帮助下，燕儿进步很快。她跟他在一起，就有一种莫名的快乐，甚至于，有点离不开他了，一天见不到他，心里就像缺了点什么似的空落。渐渐地，燕儿发现，只要有阿龙在场，哪怕不说话，仅仅一个眼神交流，就会有一种特别踏实的感觉，学习起来就特别有劲。

就这样，燕儿和阿龙保持着密切交往，大概持续了一个学期。在这段时期内，只要有机会，他们便在一起谈天说地、互帮互助。可谁料一件看似平常的小事竟然无情地中断了他们的言语交流。

就在六年级的寒假里，阿龙家的阿黄，因偷吃了邻居根根家的猪食而惨死在根根手里。根根想吃狗肉，阿龙和燕儿不肯，像疯了似的守在根根家门口痛哭，根根被逼无奈，只好把阿黄的尸体交出来。阿龙和燕儿把阿黄埋在小河边，还做了个坟，插上一块长方形石头，标明是阿黄之墓。然后，他俩肩并肩向阿黄连拜三下。

这情形正好被路过的小明家大伯看到了，他调侃道："哟！倒像小两口在拜堂呐。"

此话很快传到正在家打弹子的小明耳朵里，他急忙丢下手里的弹子，冲出家门逢人就说："知道吗？阿龙和燕儿是小两口！小两口就是小夫妻，知道吧？"那时候是六年级，六年级的孩子早已懂得小两口的含义。

燕儿既害羞又怨恨，此后，看到小明就白眼，看到阿龙就躲避。阿龙也怒了，挥拳把小明打了一顿。可白眼和拳头都解决不了问题，直到小学毕业，关于"小两口"的传闻在石堂村闹得沸沸扬扬，甚至，连大人们都知道了。可大人有大量，他们听后都是一笑而过。她却不行，她总觉得心里像被灌进了什么东西，平时还能把控得住，可只要一看到阿龙，她的小脸就会习惯性地涨红，心跳也会加剧起来，她不知道在害怕着什么，还是在莫名地期盼着什么。

现在，上了初中，燕儿、阿龙、小明和丰丰突然间有了长大的感觉，他们都非常自觉地将小学的一切留在了自己的村庄，在新的环境里，从不公开回忆往事。只有在回家以后，关于"小两口"的传闻，仍然在它诞生的土壤里被他们饶有兴味地传呀传。

升入初中的阿龙，突然间蹿高了个头。阿龙好像不太爱坐下来看书，上课经常做小动作，除数学外，其他成绩比小学时差了一截。对于阿龙的具体情况，燕儿知道的远不如从前多。她无法知道得更详细，因为不知为什么，升入初中，男生和女生之间好像划出了一条无形的界限，彼此一般不讲话，见面也不打招呼。她和小明、丰丰以及班上所有的男生，在初三之前几乎没有说过话，至于阿龙那就更早，六年级下半学期就开始的吧。阿龙在男生堆里并不算太出众，她这么认为。可她心中对他的那份特别的感觉却随着初中生活的一步步深入愈发鲜亮起来,这可能和回家后不断地"炒作"有关,更与他俩在背地里古里古怪的交往有关。

就说往返学校的路上吧,燕儿低着头在前边走,阿龙总是默默跟在她后面,两人表面上从不说话,真的,从不。不知就里的旁人总以为这两个是陌生人。没想她却总在阿龙的视线范围内,只要发现她有什么情况,阿龙定会全力以赴,甚至,奋不顾身。

初一开学不久,一个特别的秋日黄昏,燕儿放学回家,刚走上集镇外的小路,就发现有人跟踪,那人不是阿龙,阿龙总会与她保持一段距离,而现在,这个人离她那么近。是那个坏蛋!那个在窗口窥探、路上跟踪骚扰多时的"恐怖分子"。燕儿顿时脸色发白,乱了步子。那个坏蛋并没出声,但比出声更恐怖的是,他一路小跑追了上来。

燕儿使劲往前奔跑,边跑边在心里狂喊:"阿龙,救命呀!"哪知,阿龙被老师找去了解情况,晚走了一步,就被这坏蛋钻了空子。像这样的情况,以前也发生过好几次,都因阿龙及时赶到而化险为夷。

走到于无人处,那坏蛋突然蹿到她跟前,张开双臂,挡住燕儿的去路。她吓得心几乎要跳出嗓门眼。

这是一个满脸横肉、凶神恶煞的"二流子",他嘿嘿几声冷笑后,恶狠狠地说:"小丫头,想好了吧,给钱还是给人?老子可没那么好的耐心。"

燕儿战战兢兢地往后退,满眼泪水的大眼透出无比惊骇,"二流子"正要上前抓她,突然背后猛遭一拳。只见阿龙愤怒地站在他身后！原来，阿龙三言两语向老师汇报完情况便及时赶了过来。

"二流子"转过身大吼一声："臭小子，你又来找死！"说话间，挥拳朝阿龙脸上打去。于是，两人扭成一团。

燕儿立刻镇定下来，她一边使劲敲打"二流子"，一边大声呼救。后面有两三个男同学闻声赶上来了。

"二流子"见势单力薄，说了声"等着瞧！"便溜之大吉。"二流子"是他们邻村的打架大王，谁见了他都会让他三分。

鼻青脸肿的阿龙从地上爬起来，忧心忡忡地看着燕儿，可燕儿咬着嘴唇，感激地看了一眼阿龙就转身走了，那几个同学也拐上另一条田埂小路。

走着走着，燕儿不由回过头来，发现阿龙正在后面不远处一晃一晃地走着。她多想靠近他，向他诉说心中的苦痛，但可怕的"小两口"传闻，以及这个年龄段少女心里的微妙变化，还有一刹那奇怪地变得灰暗起来的夕阳光，都成为瞬间涌入她心中的种种莫名的理由，致使她在确定阿龙看到她后，迅速掉过头来继续朝前走去。

此时，夕阳逐渐隐去，无边的旷野一片寂静，弯曲的小路上没有行人。一瞬间，似乎天底下只剩下了纤细的燕儿和不远处高大的阿龙。她内心深深的恐惧感渐渐消失，随之而来的是，受到某种安慰或得到特别保护后的轻松心境。他们就这样一前一后地走着，直到进入他们的石堂村。而这时的村庄呢，已家家升起了炊烟。

燕儿又隔三差五地遭到了"二流子"的骚扰。阿龙、小明和丰丰一气之下，揍得"二流子"鼻孔流血，额头长包，并连连求饶。不过，"二流子"说："她欠我债，不信的话，可到我家看借条。"

阿龙他们半信半疑地跟着"二流子"来到他家，从他母亲那里看到了虎牙的借条，也知道了事情的来龙去脉。

原来，"二流子"的母亲是燕儿的表姑。那年虎牙为治好心肌炎复发的燕儿，卖掉银镯，又到处凑钱，也向燕儿表姑借了点钱，至今仍无力偿还。"二流子"便以索债为由，一次次窥探、跟踪、骚扰燕儿。阿龙他们七嘴八舌地把"二流子"的所作所为告知燕儿表姑。她当场狠狠教训了儿子，并让儿子保证不再骚扰燕儿，同时，恳求阿龙他们帮忙催讨借款，因为，"二流子"的父亲不幸过世了。

后来，"二流子"不来骚扰了，燕儿就透着奇怪，是他改邪归正了？不可能，按她对他的了解，他决不是那样的人，那是为什么呢？她老是找不到答案。直到那年春节，她才从回娘家的表姑嘴里知晓了是阿龙所为。阿龙从"二流子"家回来后，说服父母用卖掉母猪的钱为她还清欠款。燕儿变得不安起来。阿龙，阿龙，你为什么要这么做？你让我何以为报呢？

"二流子"事件中无意定下的不寻常的交往方式，在他们之间一直维持了两年光景。只要燕儿有困难，阿龙便义无反顾地进行无声相助。而燕儿呢，也用同样的方式关心帮助着阿龙。

上了初中，阿龙有点偏科。数学呱呱叫，语文过得去，可就是英语不行。他舌头不灵活，发音不标准，更怕写那些歪歪扭扭的 ABC，所以，每当英语课，他就偷做飞机模型。燕儿很着急，但又无法跟他言语沟通，只得暗里把他的飞机模型取走，并在他的书桌里塞了张纸条，纸条上写道："想要飞机模型，就得把英语赶上去。"这招果然灵验。从此，阿龙上英语课专心了，英语成绩也渐渐进步啦。随后，她也不失约地把飞机模型完璧归赵。

进入初三，同学们发觉这是初中生活的最后一年，以后将各奔东西，再不相互交流就缺少机会了。因此，一个月下来，男女生之间开始寻找各种各样的小借口（比如借块橡皮啦，问个什么无关紧要的问题）开始讲话。快放寒假时，燕儿已习惯于和周围的男生自然地说话了。阿龙坐在最后一排，而且和她不是同一个组，他们之间好像找不到各种常用的借口可以接触。随着时间的推移，燕儿变得十分焦急。她一直在心里狂热地期盼能和阿龙说上话，哪怕只是一个字，只要一个字！她惊奇地发现自己已把和阿龙说话看得比任何事情都重要，这在她心中好像已成了一项神圣使命。但一般的场合似乎难以完成这项使命，最好的就是像刚上初中时那个特别的黄昏一样，赶跑"二流子"后的那段回家路上，天底下只有她和他，旷野和小路都是静悄悄的。可是，燕儿此后无数次往返学校的路途中，再也没遇到过同样的场景。

燕儿万万没想到自己和阿龙会是在那样的情景中重续了他们中断大约三年之久的对话。

那是在期中考试以后，公社要求老师编排几个节目欢送新兵入伍。燕儿和阿龙被选入器乐表演组，每天放学后都要排练。在吹笛的过程中，燕儿听到阿龙的声音有点破，微觉刺耳，想必是他的笛子不好。于是，她决定把堂叔给她的新笛送给阿龙。

第二天排练结束，她特意快快离开教室，躲在校门口的一棵大树后面，眼睛一眨不眨地盯着教室的方向，准备一见到阿龙，就把笛子塞给他。

不一会儿，阿龙果真像往常一样跟着来了。

只是，让燕儿意外的是，这次他不是一个人，跟他走在一起的也不是小明和丰丰，而是器乐表演组的一个女生。他俩边走边说，笑个不停。其实，到了初三，男女生之间走在一起说说笑笑也没什么问题，可那女生脸上的表情别想瞒得过燕儿。不知为什么，燕儿顿时心里不是滋味，她鬼使神差地跟在他俩后面。

那女生叫陈婷婷，是隔壁班上的文艺委员，活泼开朗又随性，父亲是西桥中心小学的音乐老师。

燕儿没有大声叫喊阿龙的名字，脚步也没有弄出很大的声响，只是悄无声息地跟着他俩。走着走着，燕儿心里开始不高兴起来。她努力使自己变得轻松快活，且不时地看看四周的环境。这是一条沧桑的石板小街，左右两边挤挤挨挨的小商店正陆续打烊，街上亮起了一点点昏黄的灯光，寥寥无几的行人，顶着风，缩紧双肩，急匆匆赶路。

阿龙和婷婷越走越快，几乎是在小跑了，婷婷嘎嘎嘎的笑声却依然不停地传来，听得燕儿浑身不舒服，一不小心落下几步，然后，又迎头赶上，一下子与他们缩短了距离。如果不小心赶上他们，会不会很尴尬呢？要不要打招呼？如果不打，他们会不会认为自己没有礼貌？可要是打招呼，又如何解释自己为什么会在这里出现。燕儿不敢想象，只得小心翼翼地跟着，亦步亦趋地随着他们的脚步。她摸了摸书包里的新笛子，叹口气，四顾着，时时担心他们突然回头看到她，又不自觉地研究起了婷婷的背影。

婷婷穿着十分得体的棉袄，外加一件粉红色的确良罩衫，显得妩媚别致。燕儿不由看了一眼自己的衣服，暗自跟婷婷比了比。真让人泄气！她从小到现在还没有一件属于自己的新衣服，穿的都是堂姐穿不下的旧衣服。她身上这件深灰色土布旧棉袄，也是堂姐三年前送给她的。起初，她欢喜赞叹过，因为，尽管衣服是旧的，却为家里省了笔开支，况且，自己纤细的身子裹在肥大的棉袄里，防冻效果自然是好，再说，大一点的衣服可以多穿几年呢。但那日，在初冬古老的小街上，眼见婷婷漂亮时髦的粉红色的确良罩衫，她忽然生出将身上的土布棉袄脱下来扔掉的冲动。

望着阿龙和婷婷说笑着走进西桥中心小学，燕儿停止了脚步。她突然受到了某种触动，冒出一个奇怪的念头：从此，自己和阿龙之间的友谊像长了翅膀飞走了，并且她清楚友谊飞走的真正原因是什么。

有什么了不起！不就是穿得比我好吗？

不行，我要补救！

打定主意后，燕儿转过身来往回跑，可不小心被碎砖绊着了，她"哎呀"一声摔倒在地，又慌忙爬起来，拍拍灰尘，撒腿就跑。摔倒着地时右脚踝扭了一下，还好，不严重。

隐隐传来阿龙的叫喊声，可燕儿头也不回继续朝前疯跑。

她跑过长长的古街，跑过荒凉的芦苇丛，跑过一片片农粮田，跑过坐在门口呆望的宋阿婆，跑过拖着鼻涕在撒野的男孩堆，一直跑到家门口的老槐树下才停下。她背靠着槐树，弯着腰喘气，然后挺着身子走近家门，"咚咚咚"敲起门来。虎牙来开门，用异样的眼光看看她。

"爹！"燕儿一步跨进门，却愣住了，只见一个陌生的胖阿姨坐在木桌旁。

几年前，虎牙挑着燕儿从山里回到老家石堂村。燕儿一下子就融入了当地生活。她和阿龙等小伙伴在嬉闹玩耍中结下深厚友谊，这种友谊像空气一样，无时不在地伴随着他们快乐成长。她入乡随俗，很快学会了方言，也遵循着本村人的生活习惯。融入石堂村的生活令她获得了安全感，与村民们外在的一致性令她在村里或学校的角角落落都可以想入非非，而不必留神现实生活中古怪的眼神。

而虎牙却不一样。刚回老家时，他如同往常一样，周游他乡做鞋挣钱，养活一家老小。可没过多久，他得了关节炎，且病情越来越重。或许，是过度劳累，或许，是住房潮湿。从此，他再也无法外出做鞋，只得在家里守株待兔，有时两三天也接不到一个小活儿。这样的生活过了一年多，他渐渐变得少言寡语，偶尔说话也极其简短，从前的连珠妙语几乎再没听到。除了得知燕儿取得好成绩时，他还会带着微笑到处炫耀，其他时候，他总皱着眉头坐在门口发呆。有一次，街上新开了个百货店，燕儿想带他去散心，谁料，他在里边兜了个圈子就回家了，商店里陈列了什么东西，他压根没注意。

所以，像今天这样的情况，燕儿是第一次碰到。

在燕儿的印象中，父亲尽管走南闯北的，但很少有朋友，特别是女性朋友。那胖阿姨身上的衣服均匀地分布着浅蓝色的粗格子，一双小船似的大脚套在鼓鼓的棉鞋里。

胖阿姨见燕儿紧盯着她,便笑眯眯地说:"我姓吴,是你父亲的朋友。"说着,胖阿姨站起身来,更显得又矮又胖,活像个大皮球。

燕儿后来才知道,胖阿姨是邻村的一个裁缝,因肚子不争气,婚后几年,丈夫就和她离了婚。一个偶然的机会,胖阿姨见到虎牙做的鞋,就满心欢喜,随后,几次上门学做鞋,虎牙也乐于登门去教胖阿姨,一来二去两人就成了朋友。后来,胖阿姨一有空就过来陪虎牙聊天,还为他洗菜做饭。

可在当时,本已乱了方寸的燕儿,面对胖阿姨突如其来的自我介绍手足无措,不知是该走上前去表示礼貌,还是继续冷冰冰地盯着这个陌生的入侵者。她脑中一片混乱,迟疑片刻,回家之前想好的主意占了上风。燕儿一咬牙,将意外出现的胖阿姨抛诸脑后,直截了当对父亲说:"我要做件棉袄罩衫,那种的确良布料的。"

虎牙一时错愕,莫名其妙地问:"什么,你说什么?"

燕儿又一字一顿地重复一遍刚才的话。

虎牙终于缓过神来,顿时,脸色陡变,指着她大声吼道:"你,你,你太不像话了!快滚回房间去,别在这里丢人现眼!"

燕儿惊呆了,她向来是虎牙的好女儿,虎牙对她也是和颜悦色疼爱惯了的。可今天,他一反常态声色俱厉的模样,令她一时无法忍受。

多年以后,直到燕儿长大成人,才真正体会到她那句看似平常的话,在当时的情景中散发出来的荒唐气息:她的要求太不合时宜了,颠覆了父亲心目中好女儿的形象;她居然当着一个陌生女人的面，践踏了父亲这么多年来一直固守的自尊。然而这一切，年仅十六岁，一时冲动的燕儿，是完全不会考虑到的。

遭到父亲斥责后，燕儿用手捂住脸，踉踉跄跄进了房间，一头倒在床上，用被子罩头，呜呜大哭起来。忽听"砰"的一声关门，她猜想是父亲他们出门了。他不管我了，有了胖阿姨就不要我了！燕儿满肚子委屈和酸楚，好想找个无人的角落痛快发泄一通，便迅速从床上爬起，背起书包跑出家门。她心想：从此以后，自己就算是孤儿吧。

燕儿跑离石堂村，泪水一股脑儿往下淌，她默默地跟这个小村庄告别，跟阿龙的家告别，她不会再回来了，或许，永远不会！亲生父母遗弃她，养母离开她，好伙伴阿龙抛弃她，现在，养父又不要她了。她再也没有了亲人，也没有了任何牵挂，是个彻头彻尾的孤儿！的确良罩衫对她已经没有意义了，因为她不知将要在何处落脚。

沿着田埂小路朝前走，石堂村离燕儿渐渐远去。小路两旁是大片的田野。低低的麦苗经历了人们的敲打，伏在地上，一副可怜巴巴的模样。长相相似的房屋在田野上，东一堆西一堆地散落着。穿着臃肿的人们扛着敲麦榔头，急匆匆地赶回家，挂在电线杆上的大喇叭里飘出《远飞的大雁》的歌声。

燕儿拐上渠道时，冷不丁蹿出一条小黄狗来，它用深褐色的眼睛看着她，汪汪叫个不停，附近村庄的狗狗也有一声没一声地呼应开来。她不敢动弹，小黄狗呼哧呼哧地围着她的脚嗅来嗅去，好像没嗅出什么名堂来，有点失落地垂着尾巴跑了。可没走多远，它又转回身来，朝她频频摇头摆尾。

望着这友好的小黄狗，燕儿自然想起了阿龙家惨死的阿黄，它也是浅黄色皮毛，深褐色眼睛，一见到她，也是先打量一番，然后摇头摆尾起来。这小黄狗莫非是阿黄借尸还魂？这么想着，她不由掉转身来朝阿黄的坟堆走了去。

片刻后，阿黄的坟堆出现在燕儿眼前，似乎被野物刨过，满目荒芜凄凉。她一阵心酸，马上找来碎瓦片权当工具，一遍一遍地撒上碎土，掩埋阿黄暴露的尸骨，仿佛连同她的满腹忧伤也要一同埋掉一样。

待她重新隆起坟堆，竖好石碑，便顺着脚走到旁边的柳树下——那棵长满回忆的柳树早已刻在她记忆深处。

记得也是这样的月夜，她因冒雨寻找阿龙得病在家休养时，阿龙一天不落地来到那棵柳树下为她吹笛。她每天用心在感受。阿龙悠悠的笛声，声声飘进她心里，她感觉清新而温馨。笛声很神奇，她的病很快有了起色，刚满月，就跟着阿龙他们兴兴头头上学去了。

这时，月亮已升起来了，高高地别在天幕上，清幽幽的，照在柳树上，照在河面上，也照在燕儿身上。月光、小河和杨柳依旧，可人去声消，只有燕儿坐在柳树下的小河边，忧伤地遥望着远方。

过了好久，燕儿坐得无趣，想站立起来。不料，脚下的泥土刷刷刷地直往河里掉，她尖叫一声，身子不由自主地跟着开始下滑。没想到有人从背后一把拽住她，耳际突然响起一句被眼神长久阻隔在外的陌生而焦急的吼声："你想干什么？"

得救的一刻，燕儿惊喜交加，可待她看清来人正是阿龙时，胸中倏地生出一股无名火。在她看来，他已经和婷婷打得火热，又何必再来假惺惺地关心自己呢。她用力一甩手，想挣脱他的拉扯，阿龙没料到她力气这么大，身体一时失去平衡，待想站直却一脚踏空。刹那间，他松手的同时，将她向岸上推了一把，可他自己却骨碌碌掉进了冰冷的小河里。

这下，燕儿慌了手脚。

"别怕，他会游泳。"燕儿边宽慰自己，边到附近找了根粗树枝，伸进水中，让他抓住一头，把他拉了上来。

从河里爬上岸的阿龙像只落汤鸡，发梢到鞋底都在滴滴答答地淌水，还一连打了好几个喷嚏。可他并没有生气，反倒笑嘻嘻地冲着燕儿调侃道："我救你一命，你怎么连一声谢谢也舍不得说？"

"我把命保管得好好的，用得着你救吗？我是到这里来看夜景的。"燕儿反唇相讥。

"好啦，就算我多管闲事。不过，现在夜景看够了，你该回家了吧！"阿龙又说。

月光下，燕儿见他冷得脸色发青，即便努力掩饰仍然直打哆嗦，心中很是不忍，却又不甘示弱，便紧了紧书包带，兀自转身走了。

阿龙在燕儿身后窸窸窣窣整理了一会儿，很快跟上来，热切地说："你不想知道我为啥到这里来吗？"

"你爱去哪就去哪，我管不着。"燕儿余怒未消，边说边加快脚步。

阿龙跟在燕儿后面断断续续地做着解释，她表面故作不屑之态，可实际却支棱起耳朵细细听着。原来，刚才排练时，婷婷也发现阿龙的笛子有破音。恰巧，婷婷父亲那里有一支，等到排练结束后，热心的婷婷，就带着阿龙找父亲借笛去。他本想借了笛子再赶上燕儿，哪知，他刚踏进校门，就依稀听到她的惊叫声，他怕她出事，就一路跟着，直到看她进了家门才安心回家。没想刚动碗筷，就见虎牙心急火燎来找他，说是燕儿不见了。阿龙赶忙丢下碗筷冲出家门，找来小明和丰丰，大家分头寻找，可找遍了全村也不见她的踪影。最后，阿龙凭着直觉找到这里。

走着，听着，燕儿渐渐转怒为喜。快到家门口时，她从书包里摸出竹笛，转过身来，羞答答地递给阿龙："送你的。"她努力控制着不让喉咙发出抖音。

阿龙喜出望外，快快接过竹笛。笛子用灰色的细长条布袋套着——这是她特意为他做的，她昨晚熬夜才做好的呢，这是第一个属于他的竹笛套。他非常喜欢这支附带着布套的竹笛。

燕儿跟阿龙道别后，转身跨进家门。进屋之后，她没有立即点燃油灯，而是摸到房间，用手指甲将糊在窗户上的纸刮了个小洞，然后向外偷看。只见阿龙站在月光下，面向房间望了好一会，才慢慢离开。见他走远了，她才点亮油灯。

"燕儿，你终于回来了！"父亲焦急地从门外无边的月色中走进她的房间，把桌上一个长方形的纸盒递给燕儿。她打开一看："哇，是一块的确良布料！"她惊喜万分。布料是粉红色的，和婷婷的一样，最适合少女的那种罩衫布料。

"这布料是那位阿姨送你的，她星期天过来给你量尺寸做衣服。"虎牙喘着粗气说。原来刚才父亲出门是到阿姨家拿布料的。

燕儿又喜又愧，脸烧得厉害。她不敢抬头，怕父亲看到她红得像晚霞似的脸蛋。待父亲离开后，她把布料收藏起来，打算见到胖阿姨时亲手还给她。因为，她不再需要用这的确良衣服，来找回自己和阿龙的友谊了。

燕儿无论如何没有预料到自己同阿龙继续开口说话，会以这么一种惊心动魄的方式进行的。一切都猝不及防！有绝望，有哀伤，但也有浪漫，有意境，更有暖暖的温情。这些温情一日深似一日地刻在她的心里，使她再也不愿回到和阿龙共同坚守了三年之久的无声世界里。现在，她和他随时可以一起讨论问题，一起谈天说地啦。她由此变得一天比一天开心起来。但令她意外的是，她和他的这些正常交往却招来了闲言碎语，这使得她不得不注意交往的场合，因为，她已被往日"小两口"的传闻吓坏了。可阿龙对那些无聊的八卦显得满不在乎，只管做着自己认为该做的事。

有一天放学，天空突然下起了稠密的细雨，燕儿没带伞，却并未像其他同学那样挤在走廊里等雨停，因为，她要赶回家照顾病父。可是，刚走几步，一把黄色的油布伞挡在她的头顶上，是他，一定是他！

燕儿回头一看，果真是阿龙！一瞬间，所有同学的眼光都集中在他俩身上，如同芒刺令她浑身不爽。她停住匆忙的脚步，柔声却坚定地说："快把伞拿开！"阿龙不动。

"同学们会笑话我们的。"燕儿放低声音，半是解释半是恳求道。

"我不管，你有心肌炎，不能淋雨，快把伞拿着！"阿龙很是倔强。

"我现在不能拿，"燕儿急得直跺脚，"你快走呀！"

他们就这样僵持着。

有的同学从他们身边走过，又回过头来打量，走廊里躲雨的同学也怪叫着起哄起来。最后，还是燕儿做了妥协，她退回走道里避雨。

果然，第二天课外活动时，班主任就找燕儿单独谈话了。有人把昨晚的一幕添油加醋地告诉了班主任。班主任一脸严肃地问："昨晚的事，你怎么解释？"

"没什么事呀。"燕儿轻松地回答。

"怎么才算有事？你是共青团员，又是班长，更应跟老师说实话。"班主任变换着各种语调，翻来覆去对燕儿进行了启发式的思想教育，想让她承认她和阿龙是在谈恋爱。

"我们什么事也没有！"憋了半天，燕儿抬高嗓门说。

班主任觉得燕儿平时没这么倔，见她这种态度不太高兴，便说："其实，你俩的情况老师早已掌握，你先回去，想好了自己来跟我说清楚。"

燕儿紧咬着嘴唇愤愤地离开了办公室。

"我这是在关心你！"班主任冲着她的背影大声说。

以后几天里，班主任没再找燕儿谈话。当然，她也没去找老师说清楚，因为本来就没事。可阿龙就没那么容易过关了。班主任找了阿龙一次又一次，几乎每天课后都把阿龙叫到办公室，竟然，还延长了他的入团考察期。眼见阿龙不停地被老师叫去谈话，不少同学开始用异样的眼光看待阿龙，可他依然故我、神态自若，每天还是雷打不动地护送燕儿回家。不过，走在路上时，燕儿主动同他拉开了一段距离。

还有两周就是期末考试了。在这些寒冷的、临近考试的日子里，燕儿被迫取消了和阿龙的语言交流，不是怨老师，只是不忍看着阿龙受这等委屈。可就在这紧要关头，阿龙却病倒了。在缺课两天后，他东倒西歪地出现在课堂上，只是，即便是上课时，他也在不停地咳嗽。每次听到他的咳嗽声，燕儿总是心神不宁，不仅无法专心听老师讲课，更做不完笔下的方程式，甚至回答老师提问时也答非所问，惹得同学哄堂大笑。

燕儿决定帮助阿龙尽快恢复健康。她做这个决定时已经有了自己的打算。

当天放学回家后，燕儿打开那只长方形纸盒，取出还没来得及还给胖阿姨的的确良布料，向即将出嫁的邻居珍珍换了点钱，然后，到赤脚医生处买了各种各样的咳嗽药装进书包里。虎牙昨晚去了胖阿姨家，一直没有回来。所以，即使燕儿在早上五点出门，也没有受到任何询问和阻拦。

气温很低，把燕儿冻得手脚和脸蛋微微发痛，她搓搓手、跺跺脚，一刻不停地穿过田野，走过小街，进了校门。这时，天色微明。第二排教室的最后一间就是她的班级。燕儿走到最后一扇门前，用力一推，后门就缓缓地开启了——昨晚她耐心等到最后一个同学离开，才悄悄动手。她没有插上后门的插销，只是用了两张课椅支撑住后门。此时，燕儿心中暗暗赞叹自己着实高明。

侧身挤进教室，燕儿驾轻就熟地找到了阿龙的课桌，把那些盒子、瓶子和纸包统统放进去，正要离开时忽然想到：当他看到这些药时，倘若不知道是谁送给他的，凭他的品行，一定会全部交给班主任的，那自己一番心血不就白费了吗？于是，她从书包里摸出纸笔，唰唰唰地在纸上写了几个字：抓紧服药，快点好起来！她料想阿龙定会药到病除。因为，阿龙和村上的人一样，普通的感冒咳嗽从不吃药，最多到野地里挖点草药煎汤喝，这偶然一次对症下药，效果一定会很好的。她不敢写上自己的名字，害怕被其他人发现，但她知道阿龙能认出她的笔迹，便匆匆把纸叠好后塞进阿龙的课桌。

燕儿正待转身离开时，教学楼走道那边传来一阵杂沓声，还有同学的嚷嚷声，她便迅速躲在后门边角，她知道，是校田径队的同学来参加晨练的，他们肯定不会走过来，因为，他们班里没人入选。

果真，这些同学在不远处吵吵嚷嚷了一阵子，就渐渐远去了。燕儿赶紧打开后门，跑出去。她一路小跑来到狭窄的石板街上。这时，天色已亮，糕团店已经开门，灯光暖暖地透出来，同时散发出一团团雾气。

浪漫的行程已经随夜色而去，世俗的生活伴着光明来临。

"喂，小妹妹，吃点啥？"穿着白围裙的师傅笑眯眯地对燕儿说。

一大早跑出来办事，肚子早就"咕咕"唱起了"空城计"，燕儿吸吸鼻子，闻着空气中点心的甜香，咽下一口唾沫。钱都用来给阿龙买了药，兜里空空如也，不过为了阿龙，就算真的要饿肚子也值得。燕儿摸遍全身，没钱。她尴尬地看了看点心师傅，迟疑了一下，又在书包里找了好一会儿，才费劲摸出四分钱递给师傅:"就来一块粢饭糕吧。"

"好的。"师傅将一块金黄色的粢饭糕送到她面前,"这是今天第一块粢饭糕,最干净的油,最香脆的口感,你可真有口福呀!"

燕儿笑了笑,从练习本上撕了张纸,接过师傅夹着的粢饭糕,一边啃,一边穿过冰冷的石板街,跨过苍凉的田埂路,回到了石堂村的小屋里。洗过了手,摇了摇那只空空的长方形纸盒,燕儿暗暗想:阿姨,等我赚了钱,一定还给您。

七点半,燕儿踩着晨会课的铃声,走入教室,瞟一眼阿龙会意的目光,才走到自己的位子落座。

"请同学们检查一下自己的课桌,看看有没有丢什么东西。"班主任说。然后,是一阵噼里啪啦翻弄课桌的声音,燕儿也很自然地检查了一下课桌。

"有谁丢东西了吗?"班主任问。

"没有。"大家异口同声地说。

"那就好。不过,我提醒做值日生的同学,要加强安全防范意识,临走前必须关好所有的门窗。"班主任又说。

燕儿的脸上泛起了一层淡淡的红晕。后来她才知道,早上有同学看到后门没关好就报告了班主任。

两周后的期末考试中,燕儿再也没有听到阿龙的咳嗽声。不知道是他自身的免疫能力好,还是自己送的药确有功效,反正,只要他的咳嗽病能好,她就会安心学习。期末考试,燕儿因前段时间分了心,各科成绩首次都未满九十分,三好学生也落选了。她对自己很不满意,但为了阿龙,她没有半点悔意。

心语

初三下半学年，日子过得特别快。那时，学习成绩虽然不是唯一的升学依据，但也是学校和学生所在大队决定升学名单时的重要依据，所以，每个人都会全力以赴复习迎考，去争取为数不多的升学名额。

燕儿并未感到太大压力，越是临近毕业考试，她的内心越有一种拼搏的激情，更为重要的是，她和阿龙的那场"雨中风波"，终于在这种一日忙似一日的氛围中，被人们渐渐淡忘，班主任也停止了同阿龙的谈话。阿龙也没再犯病，好像还把心思收了回来，时常坐在教室里静静看书，这让燕儿心里特别踏实，学习也就特别用心。他们之间再也没有说过话，也不打招呼，只是，依然通过眼神的交流，传递彼此的心语，进行无声的相助。

当炎热的夏天刚刚迫近时，毕业考试顺顺利利地过去了。在校门口东侧的长方形布告栏上，贴着红纸黑字、通报学生去向的大布告，燕儿看到自己的名字（石燕儿）位居第一，去向是升高中。她默默地往下看，看到石晓明（小明）和石建丰（丰丰）的名字，去向是回农村。但她左看右看、上看下看就是没找到阿龙的大名，她很想找个同学问问。恰巧，同学们三五成群地涌到了布告栏另一侧在看着什么。燕儿不由挪到同学堆里，一抬头，哇，原来是一张红色的大喜报！上面赫然写着她要找的大名：石建龙（阿龙）。那喜报的内容着实让她吃了一惊。

阿龙已被部队飞行学校正式录取！

其实，在此之前，同学之间已基本清楚各自的去向。燕儿心里一直固执地认为，阿龙应该和自己一起升入高中。后来，她听说有部队来学校招飞，阿龙和其他十几个同学都通过了体检，但她认为不太可能轮到阿龙，因为录取名额只有一个。倘若轮到阿龙，估计他也不忍心丢下自己和他的父母亲，就算他真有决心，他父母也舍不得让他远离家乡，毕竟，他是父母的独生子（阿龙有三个姐姐都已出嫁）。虽然，燕儿希望阿龙能够实现自己的愿望，在飞行行业干出一番事业，但又很舍不得他离开自己。

站在布告栏前的燕儿，盯着阿龙的名字，看了一遍又一遍，她不敢相信眼前的事实，可喜报却是真真切切的。这时，暮色渐浓，看喜报的同学纷纷从她身边离去，渐渐留下她一个人。燕儿呆呆地站在那里，悲喜交加不能自已，眼泪不知不觉涌出眼眶，一滴一滴落在地上。

这时，身后突然响起一个陌生而熟悉的声音："燕儿，我在等你！"

燕儿转身一看，是阿龙！

阿龙换上了军便装，英姿飒爽地站在不远处凝望着燕儿，唇角依然挂着那一抹熟悉的笑意。

青春三部曲之三

马儿啊，你慢些走

放学路上，燕儿同阿龙默默步行了好一阵子。

之前，燕儿已说了一会，摆出几条阿龙不念军校的理由，可他都一语不发。燕儿又说，你就算被录取了，也不见得非去不可，想去的人多着呢。他依然似笑非笑不接茬。燕儿一气之下便不再理他，并如同往日一样，跟他拉开一段距离。这是阿龙最后一次伴随燕儿放学回家，因为，他即将到军校学习飞行技术。

两人的身影被夕阳拉得长长的，在行人稀少的小路上，显得那么孤单和忧伤。

到了燕儿家门口，两人站住了。

燕儿说："真的没法改变你的主意了？"

阿龙说："我很舍不得离开你们，可是……"

燕儿扭头进了门，任凭阿龙怎么哄，也不肯转过身来。歇了一会，阿龙说："你不理我，不后悔吗？"

燕儿依然不回头。

阿龙又说："那我走了。"

燕儿听见他朝门外走去的脚步声，突然意识到他真要走了，赶紧转过身来，拽住他的衣摆，惊慌地说："阿龙，你慢点走啊！"

阿龙倏地转身，拉起她的手："傻瓜，我不会走的，跟你闹着玩呢。"然后，抖了抖身上的军便服，调侃道："你看，我威武吗？"

燕儿听了，联想上个月阿龙曾对她说的一句话："燕儿，要是我去做飞行员，你会不会哭呀？"当时，她满不在乎，说："怎么会呢？我又不是小女孩了，再说，飞行员，多威武！"想起这事，她不由责怪自己太粗心了。

在阿龙眼里，飞行员似乎是最神圣的职业，以前，他也时不时跟燕儿说，想当飞行员，但燕儿不信，以为他是开玩笑，她想他不会忍心丢下自己跟父母的，即便他真有意愿，父母也未必舍得他去。说实话，她很希望他能在梦想中的行业里有所作为，可又极不愿意他远离自己。

燕儿抽回手，气咻咻地说："什么威武不威武的，我不知道！"可话刚出口，她的眼泪已滚落下来："你真舍得丢下我们吗？"

阿龙拍了拍她的肩，强笑着说："哟，真哭了呀，不是有人说不是小女孩了，飞行员威武吗？好啦，好啦，反正军校离家又不是很远，我去几年还会回来的，这样吧，到了暑期，就回来看你一次。"

"暑期？太久了！不行，不行……"燕儿把头摇得拨浪鼓似的。

"那，那我保证半年回来看你一次，好吗？"

"不行。"

"还不行？好，好，一个月。"

燕儿依然摇头，哭声比先前更大了。

"怎么？还不行？"阿龙笑了笑，"要不这样吧，以后，我白天在军校学飞行，晚上驾飞机回来，这下，总可以了吧。"

燕儿情知阿龙是想逗她笑，但她依然抽泣不已。

阿龙定了定神，说道："哎呀，大姑娘了，还哭鼻子。"

燕儿抽泣着说："以后，我上学没同伴了，也没有人像你一样帮助我了。"阿龙垂下头，没了声响。

门外的夕阳光满腹心事地停留在天边地平线上，将一抹余晖洒进屋来，湿漉漉一地。

阿龙明天就将远行，告别的时刻终于到来了。

阿龙这天依旧身着军便服，欢送仪式结束后，他含笑给全班每个同学留言签名。在大家的祝福声中，他讲了几句依依惜别的话，可当他瞧见燕儿伤心欲绝的神态时，脸上的笑容僵住了，嗓音变了，透着些沙哑。他讲不下去了，急忙转移目光，移到窗外。窗外也是人头攒动，他无意间瞟见婷婷正掩面低泣。男儿流血不流泪，他不停地提醒自己。大家无不为他骄傲，可又有几分不舍，特别是那些女生，心中涌动着一股莫名的失落感。

临分手时，阿龙把曾被燕儿没收过的飞机模型送给她。燕儿接过来，然后，从书包里掏出一本日记簿，塞给他。阿龙快快收起来。彼此并不说感谢的话，好像说了就生分了。两人默默对视了一会，燕儿流着泪说："明天早上，我会来送你的。"

阿龙点点头，看着她濡湿的脸，一转身，硬着心肠走了，面对燕儿，他管不住自己的情绪了。

点了！她朝他挤挤眼，他摸摸头，说："奇怪了，怎么一点也不困呢？"

阿龙休假半个月，燕儿天天眉开眼笑，婷婷果真很不满意，老说："阿龙真讨厌，就对你好。"燕儿听着得意洋洋的。

燕儿和阿龙说起收音机的事，是在一个早上和他逛街的时候。

那个早上很美，太阳刚露了个笑脸，就好像给大地披了件粉红色的霓裳，一缕一缕的薄雾在田野上空缓缓游动，一副悠闲自得的模样，晨风带着树叶的清香扑鼻而来，那风的凉爽和树叶的清香，把这初秋早晨渲染出诗意的浪漫来。

走在喧闹的小街上，燕儿问阿龙："你喜欢马玉涛吗？"

"你是说那个唱《马儿啊，你慢些走》的女高音歌唱家？"阿龙脱口而出。

"是的，她唱得好吗？"燕儿又问。

"太好了！她的歌声有豪气，人也挺神气的，尤其是穿军装的时候。"阿龙这么说着，突然，转过脸来打量燕儿，然后，神秘兮兮地说，"哟，我发现你同她有三分像呢！"

燕儿故作生气地说："你就会逗我。"其实，燕儿知道，阿龙虽是打趣她，但也有点道理。因为她今天穿了阿龙送给她的军便服，也算沾了点军人的气息吧。

小街上的人忙忙碌碌，来去匆匆，只有他俩且走且说，走走停停，姑娘燕儿清纯靓丽，军人阿龙英姿勃勃，给这条古老的石板街平添了一些鲜活的气息。

"你从哪里听来的？"燕儿追问。

"马玉涛曾来我校慰问演出啊。"阿龙很自豪。

燕儿有点惊讶:"你竟然见到她了?"

"是啊,她为我们演唱了好几首,诸如《英雄赞歌》《看见你们格外亲》等等,她的歌都是那个韵味,清脆嘹亮又圆润细腻,但我印象最深的是《马儿啊,你慢些走》,曲调优美,歌词也好。"

"我也这么认为,可我没你那个福分,能在现场聆听她歌唱。"燕儿有点失意,说,"能在收音机里听到,我就知足啦!"说这话时,燕儿不由加重了"收音机"三个字的语气。

这也难怪,自从收音机里听到那首歌后,燕儿就像着了魔似的,时常拐进百货商店里,盯着播放着的收音机,希望再次听到那首歌。可是,没有,从来都没有!她掩饰着内心的失落,尽可能用平淡的语气说话:"我觉得它曲调高亢而优美,歌词很有画面感,特别是那首歌的第一句,好像是为我写的。"燕儿喃喃地说着,她的心仿佛又神游在那美丽的歌声中,眼前倏地浮现出一幅画面:一条阔绰的树荫大道上,阿龙骑着白马疾驰而去,她在后面狂追疯喊,阿龙啊,你慢些走,慢些走哎……

恰巧,百货商店就在前面不远处,燕儿请阿龙陪她进去看看。当站在淡黄色的收音机前时,燕儿的眼睛随之一亮。阿龙站在她身旁。燕儿感觉他不时地瞟她一眼。稍停片刻,阿龙示意营业员开票后,便拿起付款单向收银台走去。燕儿疑惑地跟了过去:"你要买下它?"

阿龙不说话,只管付钱买下那台半导体收音机,随即把收音机放到燕儿手中:"这下,它是你的啦。"

燕儿猛地明白过来，边说不要，边拿收音机往他手里塞，阿龙闪身躲避，不料收音机啪的一声摔下地去。

燕儿吓呆了！

"没事，修一修，我用。"阿龙宽慰着她，又蹲下身去收拾好收音机的碎片，然后，带她走出商店。

在小街上，阿龙给燕儿一个许诺："下次回来，给你带一个。"

"不用不用！"燕儿连忙摆了摆手。

燕儿惊魂未定，一下子高兴不起来，内心却很感动。阿龙省下零花钱，为她买收音机，却被她不小心摔坏了，他非但没怪她，反而要给她买新的，她岂能不感动？说白了，虽然她不忍接受他的收音机，但又瞧料了他的固执，所以，她嘴里依然推托着，心里却另有打算。

阿龙又走了，是在燕儿开学两周后走的。晚上，燕儿回到空荡荡的屋里，习惯性地怀抱那个飞机模型，面朝阿龙军校的方向，竟然嚎啕大哭起来。

又一次课间，燕儿告诉婷婷："阿龙下次回来要给我带半导体收音机呢，这下，我就有机会听到那首歌了。"燕儿眼里闪出兴奋的光芒，似乎已忘了摔坏收音机的不快。

婷婷愈发嫉妒，甚至有点灰心，但又心有不甘，故意抬高嗓门不屑地说："谁稀罕！收音机，我早有啦！红灯牌的。"婷婷撇了撇薄生生的嘴唇，又说："告诉你，收音机里听歌，就像守株待兔，过时啦！眼下时兴的是留声机！我爸刚从上海买了一台，名牌的，还有一大叠好听的唱片呢。以后，我想听什么，就听什么。"婷婷越说情绪越高："要不，星期天你来我家听听马玉涛的唱片？"

"不用啦！我还是想等阿龙给我买回收音机再听。这样我可以天天期盼、日日做梦，有期盼有梦的日子才有味道啊。"燕儿语气坚定，脸上却含着甜丝丝的笑容。

婷婷听着窃窃笑起来，说燕儿真是傻乎乎的。

燕儿就这么傻乎乎地等待着阿龙。她常常有事没事哼着那首歌儿，而她尤其喜欢晚上，四周静悄悄的，她就躲在房间轻轻吹笛。她很少吹完全曲，总是来回在"马儿啊，你慢些走，慢些走哎"的曲调里，这时候，她会觉得那优美的旋律，宛如她对阿龙的声声呼唤，丝丝缕缕地飘出窗外，飘呀飘，飘进了阿龙的心里，他的心顿时温暖得如春风，而那春风便是燕儿对他依依不舍的深情。

秋风又起的时候，燕儿倚着门框，看着老槐树上的树叶随风飘落在欲暮不暮的黄昏里，心里不由伤感起来。

婷婷有一天忽然告诉燕儿，她要转学了。

"为什么？"燕儿吃惊地看着她。

"我父母离婚了。我跟我妈，所以，我跟妈住到长林中学家属宿舍去。"婷婷凄楚地说。

"你说什么？离婚了？是你妈跟你爸？你没糊涂吧。"燕儿不敢相信自己的耳朵。她一直认为婷婷是个泡在蜜糖里的人，羡慕婷婷能生活在一个书香飘逸的幸福美满的家庭里。哪像自己，从小就被亲生父母遗弃了。

婷婷只是摇摇头，轻声说："唉！你是不知道呀。其实我也弄不明白呀，我，我……"她讲不下去了，急忙伸手掩着脸，两行苦涩的泪水透过指缝滚落下来。

婷婷真的走了，燕儿是在婷婷家门口与她分手的。婷婷流着泪说："请转告阿龙，我很喜欢他。你们可别忘了我啊。"燕儿紧咬着嘴唇，连连点头，眼泪却滴滴答答掉下来。

寒假第一天，天气变得特别冷，燕儿迎着刺骨的寒风上街，分别给阿龙和婷婷寄了两张明信片。回来的路上，她满心欢喜地幻想着，他们收到满载着自己新年祝福的明信片时的样子。

一直到了正月初三，天气突然暖和起来，天蓝蓝的，阳光暖暖的，燕儿不由得高兴起来，因为，今天将会放露天电影。燕儿想，要是阿龙能回来就好啦。燕儿又想起婷婷，要是婷婷能来看电影该多好啊。今天，婷婷给燕儿寄来一张明信片，说燕儿的明信片收到了，她很感动。婷婷说："燕儿，你知道吗？这世上有许多珍贵的东西，当我们拥有的时候往往容易忽视，可失去以后，才懂得我们原来是多么幸福。我永远珍惜你的这份友谊，也别忘了转告阿龙，我喜欢他。"看着那张明信片，燕儿心里五味杂陈。

午饭后，燕儿站在老槐树下，轻轻吹起《马儿啊，你慢些走》，她似乎养成了习惯，只要想念阿龙，就会想起这首歌。

阳光暖暖地在头顶照着，站在树荫里的燕儿被洒了一身光斑，她穿着一件胖阿姨年前为她赶做的花棉袄，就这样披着光斑在大树前，吹了好长时间。正待离开时，她身后突然响起了《马儿啊，你慢些走》的熟悉而美妙的笛声。她猛地转身一看，不禁呆了。

是阿龙！

她心里充满了那种不期而遇的惊喜和小小的浪漫。阿龙，燕儿日夜思念的阿龙，就站在她面前吹笛。

燕儿快活地带他进屋。阿龙赶紧拉近她，把她冰冷的小手捂在自己宽大的手掌里，低下头哈哈热气。她仿佛听到他有力的心跳，闻到男子汉特有的气息，兴奋得差点窒息了。他俩凑在一起，欢快地交谈，说到他俩各自的生活、说到某某老师、说到婷婷等等有趣的或无聊的事，都觉得特别温暖亲切。

阿龙真的给燕儿带回了半导体收音机，淡黄色的，并告诉她，那台摔坏的已修好，自己留用了。燕儿接受了，但没有马上收听。阿龙说她真沉得住气。

燕儿说，她要等夜深人静时，再尽情享受。其实，燕儿并没有告诉他，在这段等待的日子里，那种用心去感受的滋味，远比用耳去听的滋味要美妙。

燕儿取出簇新的毛衣套在阿龙身上，他笑得合不拢嘴，还转了个圈问她好不好看。燕儿早有打算，织件毛衣回报他。羊毛产自家里的绵羊，她把它剪下来，加工好，纺成线，染上色，然后，仿照流行款，一针针用心编织而成。

下午两点了，阿龙自告奋勇去打谷场排凳子，晚上，那里将放映露天电影。两人相约下午四点在打谷场见面。

趁这当儿，燕儿赶紧用烤热的铜针卷曲前刘海，又换上了她最喜欢的蓝布棉袄。奇怪了，这衣服去年还能凑合，现在却愈发紧绷了，胸前的纽扣快扣不上了，她特意少穿了件毛衣，可还是掩饰不住。那是从身体内部散发出来的、正在蓬勃生长的青春气息。它使她有点惊喜，有点迷醉，也有点害羞。她忽然在衣橱镜前悄悄看了一眼隆起的胸脯，倏地红了脸，不由微微偏过头去，拾起自己的长辫来抖了抖，细密而愈发黑亮的好头发，更叫她喜上眉梢。要不要在辫梢扎上那根米色绸绢？是胖阿姨用边角料为她做的。燕儿试一下，确实好看，用婷婷的话说：雅致得来！但她对着镜中摇摇头，解下来，又犹豫地扎上去，又解掉，都放回抽屉里去了，她再拿出来叠成豆腐干，放进衣袋里。

燕儿胡乱扒拉几口饭后，按时来到打谷场，看见阿龙从远处迎面走过来时，她不由飞快地掏出米色绸条扎在辫梢上。

"你不知道，你今天有多好看哩！"阿龙走到她身边，微笑着说。

"哼！不理你。"燕儿羞成了个大红脸。是呀，从小到大，她哪次这么打扮过？女为悦己者容么。

燕儿赶紧转身过去朝前走，阿龙紧随其后。他俩一前一后绕着打谷场走着。

长方形的白色银幕已悬挂在打谷场的东南角，发电机、放映机等设备也安置在适当位置。

打谷场位于村子最南端，是块宽大平整的砖地。砖地北边是仓库，三面环绕着村子。今天这个村里家家户户提早冒起炊烟。砖地前是小河和空旷的麦地，看起来很气派。冬天打谷场派不上用场的时候，空荡荡的，只是，今天这里人来人往，热闹无比。

这个村里不曾放过露天电影。一旦有了电影，整个村子洋溢在欢乐的氛围中，人们把什么都忘记了，太阳还高挂在天上，他们就像阿龙一样，急着从家里搬来凳子、椅子，还有木桌摆在银幕前最好的位置，来不及搬座位的，用小石头在地上画块地方占下，因为，除了家人外，他们还要为四里八乡的七大姑八大姨姥姥姥姥爷表姐表兄弟备好座位。

仓库东侧有几个大柴垛，上面躲了好几只麻雀，平常叽叽喳喳忙乎个不停，现在全噤了声，警觉地看着四周。阿龙故意用脚跺地，弄出不小的声响，它们轰的一声飞走了，连黑牛也站了起来，大概以为是根根来牵它回牛棚呢，却没想是阿龙所为，便失落地垂着尾巴看着根根平时来的方向，把有趣的屁股对着阿龙和燕儿。

不知谁家的两只芦花母鸡冒失地跑来了。天亮时，鸡很有头脑，可一到傍晚就眼花。眼花了，摊上点事就没了主见。看来它们是想来溜达的，可突然看到燕儿与阿龙，以及现场数不清晃动着的影子，吓得慌忙掉转头去，伸长脖子向远处逃跑。它们在逃跑时弄不清方向，一下冲到小河边，收不住脚了，慌忙展翅飞跃，谁料在咕咕声中先后掉入河里，这让燕儿看傻了眼，连牛都惊得哞了一声。

幸亏阿龙眼疾手快，跳上小船，欸乃一声摇到小河深处，救起了还在扑打着翅膀的落汤鸡，还给了焦虑的东家陆婶。

这时，村里的炊烟几乎没有了。

"阿狗——"

"小虎——"

"……"

阿龙和燕儿只听孩子们的乳名被大人们喊着，那是要他们回家吃晚饭，被叫到一个就走一个，都是飞快地往回奔，又疯了似的跑回来。他们不敢回家吃饭，怕一不小心错过电影片头精彩的画面。

冬天的太阳有气无力，没怎么落，就沉下去了，本来还是亮亮的天，转眼就昏暗了。太阳一走，风马上变了脸色，阴冷地窜来窜去，悄无声息地撕咬着阿龙和燕儿的手，又刮着他俩的头脸和耳朵。他俩紧了紧衣服，朝银幕前走去。

一路上，燕儿和阿龙瞟见穿着臃肿的外村人陆续从田埂小路上走来，手缩在袖管里，脖子缩在衣领里。村里人也缩着脖子，纷纷找到预先放好的凳、椅落座。就连一到冬天就足不出户的老爷爷和小脚奶奶，也穿上厚厚的棉袄，由子孙搀扶着，或拄着拐杖，哆嗦着来到打谷场，他们要来看看电影是啥样子的，要是看不清楚，听听声音也好。他们围在银幕四周，像看西洋镜一样，东看看西摸摸。

"里边有人会说话的，像真的一样。"小脚奶奶说。

"你啥时候见过的呀？"王老伯疑惑地问。他知道她自嫁过来后，从未出过这个石堂村。

"我听孙女说的。"小脚奶奶如实相告。

打谷场的人越聚越多，阿龙带燕儿找到了预先安放的凳椅。

"阿龙——"他俩刚落座，就听到一个熟悉的声音从背后传来，回过头，便见小明和丰丰正在挤过来。

"小两口只顾看电影，把老朋友都丢到太平洋去啦！"小明嬉皮笑脸地说，丰丰也起劲地附和。

燕儿兜脸彻腮涨得通红，幸亏天色已暗，躲了过去。阿龙怕大声说话影响旁人，便和燕儿、小明以及丰丰一起，跑到村口小河边大侃特侃起来。初中毕业后,小明成了大队赤脚医生,丰丰当了小学民办教师。

歇了一会,银幕上鲜红的五角星放出万道金光,阿龙熟知八一制片厂的打仗片开始了,就同小明和丰丰当下别过。

阿龙和燕儿路过仓库时,看到有个驼背老人蜷缩在墙边,走近细看,是年过七旬的七阿公。七阿公无儿无女,孤身一人,在村里吃五保。阿龙立刻把七阿公扶到自己的凳子上,又跟周围家人亲戚打个招呼,就带燕儿挤出去,想找个落脚地看电影。

谁知,打谷场上、牛棚上、树杈上、柴垛上、墙头上,一直到屋脊上,还有大人肩上,满目都是黑压压的人头。阿龙和燕儿哪有立足之地,只好兜转过去,试图观看银幕背面,背面也挤得水泄不通,只得站到旁边聊天了。

燕儿向阿龙说了婷婷的不幸,说了婷婷一直以来对他的好感,阿龙听后恳切地说:"以后多跟她联系,她需要你的关心和鼓励,特别是现在。也转达我对她的问候,希望她坚强起来。"

燕儿连声说,好!好!

精彩的电影很快结束了。

人们一步三回头陆续离开打谷场。

阿龙护送燕儿回家。走到僻静幽暗处,阿龙敞开军大衣,把燕儿裹着同行。阿龙坚实而温暖的怀抱,让燕儿迷醉。燕儿忽然生出一种很强烈的感觉——在这寒冷的冬夜,不,是在漫长的日子里,能有这么个怀抱依偎,该是多么幸福的事啊。

燕儿带着阿龙身上的余温回家来,她太兴奋了,一头钻进热被窝里(胖阿姨为她泡了汤婆子),身子还在直打颤。直到夜半时分，才忽然想起那台她心心念念的收音机。她终于扭动了它的开关。天哪！那好听的声音传出来了。听着它，这些日子的甜酸苦辣一起涌上心头，她想起了那些寂静无声的夜晚，想起那些夜晚随着笛声涌入心底的绵绵思念，她还想起了婷婷，想起她手指缝里滚出的两行苦泪，想起她在明信片上说的那些话。而当她回忆起刚才在路上被阿龙裹在怀里的味道时，泪水涌出了眼眶。

阿龙这次回来是出差路过，因此三天后就离开了家。

阿龙走后不久，燕儿收到他的来信，他在信中提到了婷婷，他说："人与人之间真诚的友谊是最珍贵的。只有用心去关心他人，才会获得这份真诚的友谊。"他特别提起那场寒夜里的露天电影，他问燕儿没能看到电影会不会不开心，燕儿在心里回答："开心！比看到了还开心！"他好像听到燕儿的话一样继续说："好啊，人应该具有爱心。爱人者人人爱之嘛，尽我们的能力去关爱他人，你便会发现原来生活中有许多美好和快乐。"这时燕儿才突然明白，那个晚上阿龙救鸡、让座的真正含义。燕儿扭开收音机，企盼的歌儿又飘了出来，歌声悠扬。燕儿的房间如同小舟，被这声波推动着，那盏半旧不新的煤油灯，微光摇曳，人在屋里，飘飘忽忽，心悦神怡。

日子过得飞快，春去又冬来。眼看为期两年半的高中就要毕业了，燕儿越发兴奋起来，因为毕业，就意味着春节快到了，而春节到了，就意味着阿龙回来了。阿龙又快一年没回家了。他刚来信说，这次春节他一定会回来的，不过要晚一些，可能是小年夜到家。他已在半年前从飞行学校毕业，又被学校保送到了军政大学读书。

心语

    终于高中毕业了，燕儿带着优异的成绩回到家中，没过多久，她就担任了大队团支部书记，杂事很多。当然，她尽可能抽时间帮着虎牙和胖阿姨收拾屋子，准备年货，还用自己的劳动所得，为胖阿姨扯了块的确良布料，终于了却了那个心愿。

    虎牙同胖阿姨结婚后心情开朗起来，身体也一日好似一日，现在，他又能像从前一样周游他乡做鞋子了。这让燕儿很开心，也因此而十分感激胖阿姨。前不久，胖阿姨把老房翻新时，又在西侧造了间新房，而后就跟虎牙搬进去住。胖阿姨还亲手缝制了一块厚厚的绿色窗帘挂在燕儿房间。如愿以偿的燕儿欣喜若狂，闲时，就望着绿色窗帘浮想联翩。

    小年夜前一天，天气忽然变冷，天空阴沉沉的。燕儿不由叹了口气："唉，要是除夕碰上这种倒霉的天气，再好的心情也没了。"晚上睡觉，燕儿觉得一阵阵钻心的寒冷，无论怎样蜷缩身体也总睡不着，就这样翻来覆去到了天亮。

    当燕儿醒来推开大门时，哇，满世界的白啊！原来，昨晚下了一场大雪，农舍和田野银装素裹。

    燕儿冲出门外在雪中奔跑起来，听着踩在雪上咯吱咯吱的声音，她兴奋得几乎不能自持。原来以为无趣的除夕，因为这场雪而变得浪漫起来。在这个地方要遇到这样一场雪可真不容易啊。她边跑边想：阿龙，你快点回来，我们去堆雪人，赏雪景。

    跑了好一会儿，燕儿才气喘吁吁回到家，在门口看见虎牙哭丧着脸说："燕儿，快收拾东西赶汽车。"

    "到哪儿？"燕儿还傻愣在门口。

    "去省城，阿龙出了车祸，很危险。"虎牙流着泪走进里间，燕儿还愣着，可是她的眼前却漆黑一团，什么也看不见了。

她不知道自己是怎样收拾东西，怎样走出家门，怎样上的汽车。当汽车发出嘟嘟的喇叭声时，她一下歪倒在阿龙妈妈的身上，终于哭出声来。

阿龙在省城医院抢救。

这场大雪给燕儿带来快乐的心情，但也给阿龙带来灾难性的后果。他在省城刚下火车便搭上回家的汽车，但汽车开出市区不久，就发生车祸。阿龙头部裂开，缝了好几针，更主要的是他腰椎受了重伤，很可能会带来严重后遗症，最好的结果是依托拐杖能走路，坏的结果是从此瘫痪了。

燕儿简直不敢相信病床上缠满白色纱布、面无血色的那个人就是阿龙。一进门，燕儿就忍不住哭泣起来。还在昏迷中的阿龙鼻子里插着氧气管，手上接着输液管。阿龙怎么会是这个样子呢？阿龙怎么可能是这个样子呢？

燕儿对阿龙关怀备至。她按医嘱，跟他说话，为他吹笛，还让虎牙送来那个收音机，播放节目给他听。

大年三十，阿龙依然昏迷不醒。他妈妈硬撑着买了点饭菜，在阿龙病房的柜子上，摆上几副碗筷，她给燕儿倒上酒，给他爸爸和自己倒上酒，又给阿龙的酒杯倒满，然后，她举起酒杯，张了张嘴，却半天发不出声来。燕儿见她整个人筛糠似的颤抖着，他父亲也已泣不成声，燕儿的眼泪一串串落到酒中。终于，他妈妈说出了一句话："阿龙这回再也不会远离我们了。"燕儿不由嚎啕大哭起来。

晚上，燕儿让阿龙的父母去休息，自己留下来陪夜。她伸手

心语

轻抚他的额头,又侧脸贴上他胸口的白棉被,像是依偎进他坚实而温暖的怀抱。昔日的点滴像放电影似的展现在眼前,泪水打湿了棉被——十九岁的她,第一次真切体会到了爱的真谛。

夜已很深,燕儿伏在阿龙床边迷迷糊糊睡过去了,恍惚中依稀听见收音机里飘出那首歌:"马儿啊,你慢些走,慢些走哎……"歌声里,阿龙跨上白马,缓缓朝燕儿走来,走来……马蹄声得得。

白色公主裙

庆"六一"文艺汇演的脚步越来越近了，我的心情一点一点兴奋起来。

红星片区选拔赛以来，我们十多个小"演员"，轮番追问着张老师："汇演穿什么？"老师呢，总是笑着说："保证不让你们五花八门的。"

果然，有天张老师挨个为我们量了尺寸，跑进小街的老裁缝店，定做了演出服——除了领舞的是白色连衣裙，其他都是白衬衫。

那天放学后，陈校长看我们的排练了。我们带着校长的夸奖，蹦跳着找张老师。我们兴高采烈，甚至，把校长的夸奖跟老师替我们定做演出服连在一起——老师听了夸奖后，肯定会高兴的，也肯定会把我们的演出服加快做好的。

谁知，我们才跨进办公室，就愣住了，但见张老师满脸愁云地坐在办公桌前。

我们齐声惊问："张老师，怎么啦？"

老师很是为难："怪学校经费紧缺，都定好了的，却挤不出钱去剪布料。"说着，她轮流看着我们，叹口气，说："只得靠你们自己了。"最后，又把目光落在我脸上："你是领舞，起码得穿白衬衫！其余的，倒可凑合一下，只要同色调就行。"

老师说得我站都站不稳。要叫妈妈掏钱为我做白衬衫，这可能吗？

老师显然发现了我的焦虑，赶忙宽慰说："我估摸着，布料加人工，超不过两元的。要不，回家跟你妈妈说说，你爸是工人，手头总是有点活络钱的。"

我一听，点了点头。

当晚，妈妈听过我的话后，只顾垂着头，延挨了好些时，也不表态。

我能猜到妈妈的心思：家里全靠父亲的那点死工资过日子，上要供养爷爷奶奶，下要保证我们四兄妹念书，而扯布做衣虽说便宜，毕竟是需要钱的。

我对妈妈晓之以理，道："姆妈，我是领舞呀！那么多小朋友，老师单选了我。"妈妈依旧不作声。我又换了种语调，低声恳求道："姆妈，您就看我练到了这份上，也就别舍不得两元钱了。"说着，我迅速露出了红肿的双臂，又抬起了磨破了皮的脚——上演了一出"苦情戏"。然后，等待妈妈对我"命运"的宣判。

妈妈终于缓缓抬起头，忧戚地看着我的伤情，说："哎哟，只是跳跳舞，怎么弄成这样？"她沉吟了一会，又转过话锋说："这时节，裁缝很忙，不肯接这小活儿的。"

我的请求，被妈妈婉言拒绝了，我的心一下凉了半截。但我并不怨恨妈妈，真的，一点也没有，因为十二岁的我，已能体会妈妈的难处了。

再过半个月就要汇演了，我愁死了，愁得睡不着觉，好像张老师就站在床前，问我怎么做衣？我只是默默流泪。但我知道眼泪不能当钱用，也换不来白衬衫。妈妈见我伤心，安慰我说，老师也没逼你，这回就算了。我说不能就算了，老师一时半会换不了人，何况，吃了那么多苦，我也不情愿放弃啊！

次日凌晨，我终于从忧愁中走了出来，想到圈里的猪还小，兔毛也不长，一下子都换不来钱，只有纺纱最靠谱，以前时常靠它来贴补家用，十来天下来，也能挣个两元多，做件白衬衫足够了。

我把想法告诉了妈妈，妈妈没说话，只是苦着脸，叹了口气。

当天放学后，我从棉纱店铺领回四斤棉条，一口气把它匀成十份，也就是接下来每日的任务。

匆匆写完作业，我便兴致勃勃地干起来。我有模有样地坐在纺车前，用右手转动纺车摇柄，圆形的纺轮便使锭子像斜放的陀螺那样旋转，旋转的锭子就把左手里的棉条，渐渐捻成纱线，绕在锭子上，这样不间断地循环往复，直至纱线满锭，才会打住摇柄，弯腰旋下线盘，放入身边空篮里，还没顾及透口气，又开始摇柄了。

时光就在这循环往复中悄然流逝。

夜深了，四下静悄悄的，唯有纺车的"吱嘎"声连同我的喘息回荡在昏暗的堂屋里，处身在这寂寥又灰暗的笼罩中，瞌睡虫就在我全身蠕动爬行。我感到头脑昏沉，动作迟缓。说实在的，我曾有过数不清的饥饿经历，却没有缺睡的体验，因为以前要么还不会干活，要么没有必要挑灯夜战，睡觉又不必花钱，母亲总是让我睡足的。此刻，我实在羡慕以前睡足的幸福呀。我想，等纺完纱后，放学回家，头一件事就是蒙头大睡到天明。

可恶的睡魔继续包围过来，我不停地提醒自己：不能打瞌睡，我在纺纱！可眼皮就是不听我的，腻涩的眼皮渐渐黏合起来，甚至，有一瞬间矇眬睡去了，手里的纺线也被折断，我腾出手来掐大腿，掐得青一块紫一块的，但睡魔依然使我苦不堪言。

于是，我又出新招，一边纺，一边温习我的每个领舞动作要领。这一招果然显效，因为动了脑筋，又触动了亢奋的神经。我无声地笑着，苦不堪言的瞌睡消失了，头脑清醒了。接下来，我挂着笑，纺着纱，又低声哼起那个舞蹈的配乐来。谁料，哼到配乐高潮的当儿，由于分了心，侧身弯腰取棉条时，脑袋扑通撞到了手摇柄，头部隆起个大包包，还渗出血来。我疼得惨叫一声，惊到了妈妈。

妈妈赶忙从灶屋出来，扶我进去，弄好伤口后，叫我用井水洗把脸。这法子倒管用，才洗几下，我便神清气爽。虽费了些时，但没有了掐的疼，也不会因分心而撞伤。以后的数天里，我就如法炮制——反复用井水洗面驱赶睡魔。

其实，我忍受的不光是瞌睡虫的缠绕，还有整个身子的酸疼难熬，我真想闭上眼歇一歇，可我必须强打精神，因为，我知道妈妈还没睡，若是让妈妈看到自己疲惫的样子，不知会洒下多少伤心的泪水。

妈妈确实没睡，怕吵醒弟妹，依然坐在灶屋，边纳鞋底边不时看着我被煤油灯光映在墙上的夸张投影。时不时有风从门缝里挤进来，油灯的微光轻轻抖动着，我的身影也跟着晃呀晃的，那身影动作干净利索，没有被伤痛和劳累压垮，但妈妈仍同往日一样，心疼地催促道："太晚了，睡吧。"妈妈简单的提醒，却让我倍感温暖。

也就十来天光景，纸板盒里的棉花条渐渐变成了满满的一竹篮棉纱，我一过秤，足足四斤，笑意终于挂到我的脸上。从准备演出服以来，每天背着沉重的纺纱任务，令我怎么也笑不出来，现在终于可以开怀地笑了。

我快活地叫道："姆妈，快来看，我纺完啦！"

妈妈走过来，望着竹篮里高高隆起的灰白色棉纱，也喜上眉梢。

这时，在我的眼里，竹篮里不是一锭锭棉纱，而是一张张钱币，有了它，就能换钱买布做衣，怎会不笑呢。

恰好，当天是星期天，我抖掉身上附着的薄薄棉尘，紧赶慢赶来到棉纱店缴纱。

我紧捏两元多血汗钱，想象着自己穿上白衬衫载歌载舞的样子，像快乐的小鹿蹦跳着回家，双手捧着钱，如数交给妈妈，并催她快点为自己买布做衣。妈妈含笑点头。

次日放学后，张老师让所有"小演员"留下，检查演出服准备情况。

"准备好的请举手！"张老师说。

为数不多的小朋友陆续举起了手。

我挺直胸膛，缓缓抬起了酸酸的右臂。老裁缝已答应给我拨个档，妈妈明晨就去扯布，白衬衫岂不板上钉钉了。

老师逡巡的目光停在我高举的小手上，顿时绽开满意的笑容。

这一瞬间，我感觉大脑一热，心怦怦跳得厉害。

是呀，这学期来，老师在我这个领舞身上没少花功夫，将要荣登全社性小学生文艺汇演的大舞台，事关学校名誉，来不得半点马虎！这下老师可以放心了。

我迟迟不肯放下高举的右手，直到旁边的小朋友拽了一下衣角，才如梦初醒，放下手来。

张老师宣布，举手的小朋友先走，其他的留下。我可以先走了，喜悦和骄傲瞬间充满心间。回家的路上，我哼起了小调。

我没有即刻敲门，因为听到屋里有不小的声响。好奇心促使我支棱起耳朵，轻贴大门偷听——是村前头二婆婆的声音："小花娘，我家出大事了。捣蛋鬼小刚放学回家，一路跟同学打闹，一不小心摔倒，头就撞在路边的石头上，是同学把他背了回来，还在流血呢。"

"还不送医院啊！"妈妈催促道。

"哪来钱啊？一大家子，七八口人，老的老，小的小，全靠我们夫妻俩撑着，可他爹，又犯了哮喘病。"未待说完，她抽抽搭搭哭了起来。

妈妈劝道："别，别这样，办法总是有的。"二婆婆住了声，停了停，哀求道，"腾两块钱给我吧，下个月卖了猪，我先还你。"

"正巧，我也不凑手，刚盖后披间，又搭了阁楼，把家底都掏光了，孩子他爸的工资又接不上，现在的日常开销，都是问二姐借的。"妈妈焦急地说，"救人要紧哪！我腾五毛钱给你，你再问隔壁老裁缝开个口，大家凑一凑。"

"老裁缝？欠了他一屁股的债，开不了口了。"二婆婆这么说着，道了声谢，开出门来，手里捏了那张五毛钱的旧票子，匆匆走了。

望着二婆婆远去的背影，我的内心翻江倒海。刚才妈妈没有动用那笔服装费，是有道理的。且不说这钱来得何等不易，就说如果没有它，我非但上不了梦寐以求的大舞台，还无法面对老师呵。可我转念一想：小刚怎么办？若治疗误了时，后果会很惨的。小刚是我的同学，又是发小，在他最需要的时候，要是不伸手援助，实在于心不安。这么想着，我果断进门，向妈妈表达了意愿。

"你想好了吗？"妈妈疑惑地看着我。

"想好了！"我的语气很坚定。

妈妈知道我固执，也没反对，马上取钱给我。

我紧攥住用血汗换来的两元纸币，一溜小跑找到二婆婆，把钱塞给她，催促她尽快送小刚上医院。

二婆婆摸着我的头，含泪激动地说："小花，你真是个好孩子！"

回家路上，风儿轻轻拂面而来，我油然生出一种幸福感，觉得尽自己的微薄力量去帮助小刚渡过难关，是一件多么有意义的事。可是，临睡前我居然哭了，哭累了，睡过去，又醒来，眼泪再次涌出来。为什么要哭？偏偏说不清楚。

迷迷糊糊中，一阵钻心的刺痛让我睁开了眼睛，是妈妈，她正小心地为我头上的伤口涂绿药膏。

"姆妈。"

"哎，"妈妈笑眯眯地说，"今天你做得对。"

"姆妈不怪我就好了。"

"傻孩子，应该表扬你才对。我不想委屈你，才没有动用你的钱。"妈妈看了看我，又说，"别哭了，睡吧，没事的。"后来我才知道，妈妈在安慰我的时候心里已有了打算。

演出隔夜，一进家门，妈妈就递给我一件绵绸白衬衫："这是问你表姐借的。"

"白衬衫！"我眼睛一亮，一把抓过来，开始更衣。

"这几天，为了你的白衬衫，我厚着脸跑遍了整个村子都没借到，幸亏你镇上的表姐有一件。她家条件好，父母都是工人，老人不用供养，兄妹也不多。"妈妈絮絮叨叨。

我快捷地穿好衣服，冲到橱镜前一看，不禁吓了一跳，衬衣的下摆长过膝盖，袖管长出几寸，整个人看起来好像马戏团的小丑。我哭笑不得，旋即醒悟过来：表姐比自己大整整五岁呢，她的衣服穿在自己身上自然是这个效果。我哭丧着脸，正想埋怨妈妈，看她也是一脸沮丧，反倒不忍苛求于她。唉，算了，事到如今，有总比没有好，我想。

当天临睡前，我把表姐皱巴巴的衣服细心叠好，放在枕头下压着。表姐教过我，这样压衣服，第二天会很挺的。

翌日早晨，从枕下取出的衣服还带着余温，可是，效果却不尽如人意——原本平整的部位也纵横交错着褶皱，谁都能看出这是我翻来覆去的满腹心事。

这时，我多么期盼妈妈能问老裁缝借个三角铁熨斗，"滋滋"来回几下，把所有的褶皱压得妥妥帖帖。可是，来不及了！八点前我必须到校，九点彩排，下午两点就要正式演出。真的，桌上那个"三五"牌座钟已当当敲了七下，一下比一下让我心烦。

我扒了几口早饭，就背起书包，把白衬衫搭在肩上，快步走出家门。

妈妈跟在后面："将就着穿吧，用心演好！"

"知道啦！"我不耐烦地应道。

到校时，参演的同学们都到齐了，张老师正在忙这忙那。我像猫咪一样轻轻来到她面前，讪讪地递过衣服。她将衣服抖开，不由大吃一惊，转过脸，厉声说："快，快去借件合身的！"

我接过衣服急忙回家找妈妈想办法，哪知妈妈不知去向。

这下完蛋了！我这么想着，突然身子一晃，歪倒在墙角，顿时泪流满面。

这时，一阵风从窗户吹进来，墙上那张父亲从城里买的旧年画，发出窸窸窣窣的声响，我不由得抬起迷茫的泪眼看着它，"哦，有了！"那画面上的小公主穿的漂亮连衣裙，不就是我要的效果吗！

我立刻擦干眼泪，从墙角一跃而起，盯着画面上那条裙子反复琢磨，随即依葫芦画瓢，将肥大的白衬衫变成合身的连衣裙。幸亏时常帮妈妈缝缝补补，眼下这点针线活压根难不倒我。

为了日后能"完璧归赵"，我先将白衬衣袖子上缩，衣领内翻，用粗针脚固定，再找来破旧的粉色绸被面，不讲理地扯下所需的布条、腰带。将布条打褶后，缝在领口、袖口和下摆上，接着把衣服铺在桌面上，拉平了，用灌满开水的玻璃瓶，来回滚动，滚得人心都平坦了，才把衣服换上，随手系上腰带，在橱镜前迅速看一眼。哦，我看到了一条裙子！白色的，镶边的小圆领、灯笼袖、宽裙摆的裙子，正适合我这样靓丽、高挑少女的白色公主裙。

我太快乐了！忍不住把两臂轻轻一伸，右腿一踢，腰肢一扭，摆了个舞蹈里的姿势，在镜子里向自己做了个鬼脸。然后，倏地掉转头来，慌忙赶到学校。

没想到演出队伍已离校，我撒腿就往演出地跑，一口气跑了二三里路。

当我气喘吁吁地站在焦急的老师跟前时，离登台演出还差一刻钟。

"哇，白色公主裙！"

老师惊叫起来，随即让我踮起脚转个圈，又兴奋地说道："这下我们的领舞成了白雪公主啦！"同学们也围过来七嘴八舌地嚷嚷起来：

"白雪公主！白雪公主！"

"好漂亮啊！"

"……"

气还没喘匀，我抹了把汗，就登台了。

舞台设在西桥公社大会堂。

刚开始，面对台下黑压压的人头，我还有几分胆怯，担心这粗针大线缝制的白色公主裙会露出马脚，当场丢人现眼。但当美妙的音乐响起，我随着旋律翩翩起舞，裙裾飘飘，如梦如幻，所有的辛苦和劳累都被抛到九霄云外。此刻，我仿佛真正成了骄傲的白雪公主，在众人赞美的声浪里飘然欲醉……

话儿向谁说

那是一个不寻常的早上,电闪雷鸣,狂风卷着暴雨,就像鞭子一样,疯狂地抽打着村野的一草一木,也抽打着秀秀娇小的身子。路上已积满水,一群惊魂不定的小鸟,四处找不到落脚的地方。秀秀就像这些无助的小鸟一样,不知道该向哪儿去。

秀秀抱着头冲出家门已有段时间了,可耳朵里还有那个八妹恶毒叫骂的余音:"你这个败家精,有种就不要回来……"

"哼,谁想回来!"秀秀恨恨地想。

秀秀恨透了那个叫八妹的后妈,巴不得她早点被这雷公公劈了。

可怜的秀秀光着脚丫淋着雨,在邻村刘家桥瞎转,精疲力竭时,就蜷缩在柴垛旁,喘口气。这里还算干燥,也能为她挡风避雨。

没过多久,这个柴垛周围也有了积水。秀秀的脚板被泡在水里,一股寒气从脚底泛起直扑咽喉,再加上湿漉漉的衣裤粘住了皮肤,她浑身哆嗦起来。她待不住了,起身想走,突然右脚板发出一阵钻心的疼痛,低头细看,原来是被一条可恶的水蛇啄了一下,伤口渐见红肿。那条水蛇正用鬼火般的小眼睛得意地瞪着秀秀,摆出一副想再次发起进攻的架势。秀秀吓出一身冷汗,惊叫

心语

着后退了几步,但她很快镇静下来。

"该死的蛇,连你也敢欺负我?!"满腹怨恨的秀秀,捡起一块小石头狠狠砸过去。受伤的水蛇慌忙尾巴一扫,弯弯曲曲地溜进了旁边的稻田里,没了影踪。

带着胜利者神情的秀秀朝这个柴垛后的农舍走去,想暂时到屋檐下躲一躲。

这个柴垛后是一块平整的、宽大的青砖地,紧挨着砖地的是几排错落有致的农舍。前排西侧两间青砖灰瓦的平房里,住着一位慈眉善目的老太太吴晓梅。这天,老人起了个大早。在此之前的一年多时间里,老人总是闷闷不乐的,但在今天这个日子快要来时,她反复提醒自己:你要精神点,让儿女们放宽心。

起床后,吴晓梅就从衣柜里摸出一身崭新的蓝布衣裤穿上,又对着镜子把散乱的白发梳理好。

小孙子军军端来早饭时,看到奶奶佝偻着身子,对着小镜子左看右看的样子,有点好笑。奶奶一向是不注意打扮的,现在都这把年纪了,反倒有了这份心思。可看到奶奶颤巍巍的手,军军又笑不出来。

军军到灶间拿了空碗,奇怪地瞟一眼奶奶,走了。

老人忙叫住军军,说:"你知道今天是什么日子吗?"

军军拍拍脑袋,想了又想,最终还是摇摇头。

"今天是你爷爷过世一周年的祭日。"老人语气沉重,最后两个字是带着哭腔说完的。

"噢,对——对——"确切的日子军军忘了,但他记得大概的月份,奶奶这么一说,他就想起来了,"既然是个伤心的日子,那你怎么还有心思梳妆打扮呢？"这话他没说出口，而是用奇怪的目光问了。

吴晓梅猜到了军军的这点小心思："弄得精神点，是想让你们高兴些，料想你爷爷也赞成我这么做的。"

军军这才明白过来，知道自己错怪了奶奶，有点不好意思。

"还记得吗？你爷爷过世那天可不像今天，那天没雨，日头一早就挂在天上，那是你爷爷照拂我们呀……"吴晓梅瘪着嘴慢悠悠地说着，"军军，来，坐下，听奶奶跟你说。"

军军拖拖拉拉在长条凳上坐下，心里装满了忐忑。

军军最怕听奶奶唠叨过去的事，自爷爷过世后，奶奶更爱同他说话。他怕屡次拒绝会伤了奶奶，所以，有时也会坐下来，待奶奶"开场白"后，再找借口溜走。

眼下，奶奶又要讲过去的故事了，军军只能故伎重演。刚听了开头，他就站起身来，说："奶奶，我要做作业了。"未等奶奶表态，他就披上雨衣，离开了。

吴晓梅无奈地摇摇头，拄着拐杖挪近窗口，无声地看着窗外。她看到大雨中的那棵老槐树被狂风吹得像个醉汉，东倒西歪的。

这个鬼天气，静静他们会来吗？她默默地想。

静静是吴晓梅的大女儿，这时候，按理静静他们都该来了。就在数月前的一个特别晦暗的黄昏，静静跟两个弟弟约好了，在今天上午一起回来，给过世一周年的父亲祭奠。从那天起，老人天天等，日日盼，终于盼来了今天，可眼看快到中午了，也不见儿女们的影子，她有点焦躁，而那一阵紧似一阵的风雨声又让她生出更多的不安。她只得捣捣戳戳在屋里兜圈子,以打发这极度焦躁不安的时光。

不过,吴晓梅的极度焦躁不安一下子被忧伤代替了。

军军过来告诉奶奶,大姑(静静)打电话到大队部,说是天气糟糕,没法回来了。吴晓梅的家离大队部不到五十米,要是有电话,总会有人来告诉他们的。

老人用拐杖戳戳地砖,摇摇头,笑一笑,笑得很苦。当初她和丈夫时常教导孩子们,好儿女要志在四方。子女都很听话,长女静静到五十里开外的县城谋职,二女儿灿灿支边去了,长子阿狗(老三)学了手艺整天不着家,次子阿虎(老四)是十几年的老兵。而她的孙辈们,除了念小学的军军,也都陆续外出念书或谋生了。儿孙们的选择曾是他们的一份骄傲。可不知从哪天起,老两口后悔了,后悔不该让他们走得那么远,特别是两个宝贝女儿,连见一面也难啊。老伴过世后,吴晓梅的后悔愈发强烈了。

稍停片刻,她心虚地问:"阿狗一家呢?"

军军瞟了一眼沮丧的奶奶,几乎不忍心再往下说,但不说又不行,于是,他摸了摸头皮,支支吾吾地说:"你,你说伯父伯母呀,早就来信了,说是最近忙,走不开。"阿狗是泥水匠,一直在外地忙乎,儿媳也在那里帮忙。

老人的心抽搐了一下,定了定神,又弱弱地问:"那你爸爸妈妈呢?"这是她的最后一丝希望了。

"爸爸一大早就走了,妈妈在烧饭。"军军的父亲阿虎,复员回来后就当上了这个大队的党支部书记。今天的雨下得这么大,儿子自然应该在忙碌，老人心知肚明。

听完军军的一席话，吴晓梅不禁浑身哆嗦起来，她感到心中的那一点美好的念想瞬间消逝了。她很想让军军跟他们说："你们姐弟三个，今天该回来祭奠一下父亲啊，顺便和我团聚团聚，明年的今天，妈妈在九泉之下跟你们的父亲团聚了呀。"老人清楚自己的那个病，晚上脱了鞋，不知早上还在不在，是属于活一天算一天的人了。

不过，当她安静下来，又打消了这个念头。

吴晓梅颤巍巍地摸到靠墙的小长案旁，在香炉里抖抖地上了几支香。透过香火升腾起来的袅袅烟雾，她忧伤地端详着老伴的遗像，心痛得厉害，很想大哭一场，可是不敢，怕军军笑话她。儿女们有困难无法前来，能埋怨他们吗？她责怪自己不该有这非分之想。但不知为什么，她就是觉得委屈，两行浑浊的眼泪终于从她的眼眶里流淌下来。

军军看见奶奶哭了，忙把她扶到窗口的藤椅上坐下。老人喘了口气，又习惯性地朝窗外张望。她泪花迷糊的目光，突然停留在那个像只落汤鸡的小女孩身上。老人有些奇怪，这个小女孩怎么淋着雨在走过来？难不成是我家的亲戚或熟人？可当她看到那个女孩躲躲闪闪的样子时，就立刻否定了刚才的想法。这个女孩肯定遇上麻烦了。老人这么想着，便让军军开门去把女孩叫进来。

军军不愿意。他说："妈妈关照过的，不能让陌生人进屋。出了事情怎么办？"

吴晓梅有些急了，冲着军军说："就这么个小女孩，能出

心语

啥事?"

军军见奶奶生气,又看到对方确实是个小不点,就勉强把她叫进屋,然后赶忙回去把这事告诉妈妈。要不是刚才看到奶奶落泪了,军军早就走了,现在正好趁机走开。

在吴晓梅面前,秀秀有点慌乱:"你、你找我有什么事吗?"

吴晓梅抿了抿干瘪的嘴巴,一边让秀秀去灶间拿毛巾擦雨水,一边从衣柜里找出女儿小时候的衣裤给她换上。等秀秀一切收拾停当,老人才回答她:"我想让你避避雨,你怎么没穿雨衣?"

"我早上走得急,来不及穿了。"秀秀平静地撒着谎。想到早晨被后妈打骂,自己匆忙出逃的狼狈相,她气得把牙咬得嘎嘎响。

吴晓梅好奇地问:"是什么事?走得那么仓促。"

未等秀秀开口,老人忽然想起了什么,又补充了一句:"你冒着大雨到这里来干什么?"

秀秀一声不吭,只是眨巴着眼睛看着慈祥的老人。在一个陌生人面前说家人的坏话是不好的。

吴晓梅知道秀秀说的是假话,因为她手臂上青一块紫一块的伤痕已说明了一切。

军军端来热腾腾的饭菜让奶奶吃中饭。老人有意要留下秀秀一起吃:"来,孩子,今天是我老伴的周年祭日,我心里闷得慌,要是你不嫌弃我这个糟老太,就陪我吃顿饭吧。"说罢老人又让军军添了点饭菜。

"太好了!"秀秀喜出望外。不提吃饭还好,一提起肚里就"咕噜噜"直叫,这才想起自己连早饭还没吃呢。

"可我没有钱呀。"秀秀感到害羞和尴尬。

"不收钱,敞开肚皮吃!"老人拍了拍秀秀的肩膀。

吴晓梅吃饭像数着珍珠,几粒几粒地往嘴里送,米粒却还不时从嘴边散落下来。老人边吃边留意着秀秀,见秀秀狼吞虎咽地把给她的饭菜一扫而光,捂住没牙的嘴巴笑了。

秀秀吃得有滋有味,觉得这里的饭菜合胃口,那个叫八妹的后妈做的比这里的差得远了。

吃过饭,秀秀来了精神。她对老人说:"阿婆,我不能白吃白喝,让我为您干点活吧。扫地擦桌、缝缝补补……我样样都会。"

吴晓梅笑而不答,依然盯着秀秀。秀秀让老人看得小脸涨得像片猪肝,幸亏雨天屋里光线暗淡,躲了过去。

"你有不开心的事,告诉我,好吗?"吴晓梅蹙着眉头盯着秀秀手臂上的伤痕,知疼贴热地说。

看这架势,好心肠的阿婆已猜到了什么,秀秀这么想着,咬咬嘴唇悄悄把手臂往身后藏,并警惕地看着老人。

"我没别的意思,只是想让你把不痛快的事说出来,心里好受些。"老人说。

见阿婆一脸诚恳,秀秀对她放松了警惕,并渐渐亲热起来。于是,在这个狂风暴雨的下午,秀秀终于将心中藏着的泪和恨统统说了出来。其实,秀秀早就憋不住了。

"那个叫八妹的后妈,对我坏透了,动不动就骂我,打我。"

秀秀气得说不出话来，脸憋得通红。

秀秀忿忿不平的样子令吴晓梅顿生同情之心。

不幸的孩子，亲生母亲早死，后妈心狠手辣，父亲早出晚归做泥水匠而顾不上她。

秀秀一股脑儿地说着："后妈从不让我吃饱吃好，爸爸老是不在，我想吃块红烧肉，休想！"

老人看着眼前瘦骨伶仃的小女孩，心想这哪像十一岁的孩子，倒像还没上学的小朋友。她的心里很不是滋味："后妈也是妈，怎么能这样对你呢？"

"就是嘛，她平时舍不得把钱花在我身上，连必不可少的学习用品，也死活不肯给我买。下学期，学校将开设珠算课，我想买把算盘，哪知，那个八妹非但不买，还骂我是光知道花钱的败家精。我忍不住顶了几句嘴，八妹立即脱下鞋子对我劈头盖脑地乱打，我只得抱住头冲出来……"说到这里秀秀已泣不成声。

"就为了一把算盘？"老人满脸狐疑。

秀秀收住哭声，肯定地点点头。

吴晓梅惊讶地望着秀秀，想那个后妈怎么回事啊，至于为一把算盘把秀秀打成这样吗？

老人颤巍巍地走进房间，打开一个满是灰尘的纸板盒，从里面取出一把半新不旧的算盘，又颤巍巍地走出来，塞在秀秀手里。

"不要同你后妈怄气了，回去跟爸爸如实相告，相信爸爸能和后妈沟通好的，因为爸爸爱你。"老人停下来喘了几口气，又说，"以后，不要随便在雨里淋来淋去的，一旦落下病根，你会后悔的。再说了，你是个姑娘家，要是碰到坏人，可怎么办？"

秀秀边点头，边问："这把算盘你给我了？"

老人笑眯眯地说："嗯，这是我那些孩子们用过的，你将就着用吧。"

秀秀高兴得跳了起来，上前一把抓住老人的手："阿婆，你对我太好了！我一定好好报答你。"

军军有点嫉妒地看着奶奶，他想奶奶一定是老糊涂了，才会无缘无故地对一个野孩子这么好。但他转念一想，奶奶送给她的只不过是一把旧算盘而已，自己也不必太在意。

"阿婆，我帮你扫地，好吗？"秀秀接受了算盘，心里寻思着要为这个好心肠的阿婆做点事。于是，秀秀在屋里东瞅西瞅，想找把扫帚打扫一下脏兮兮的地面。这可把军军吓坏了，他紧跟在秀秀身后，不眨眼地盯着秀秀，生怕一不小心被她顺手牵羊拿走点什么。不是吗？刚才妈妈还千叮万嘱自己要提防那个野孩子，他还不以为然，现在看来还真不能太大意呢，军军这么想。

吴晓梅生气地阻止了军军的不客气行为，细声细气地对秀秀说："孩子，我给你一把算盘，那是废物利用啊，你可千万别把这事放在心上。不过嘛，我有件事想同你商量商量。"

"阿婆，什么事，快说呀。"秀秀瞪大了小眼，急切地说。

老人挪了挪身子，缓缓地坐在桌旁的藤椅上，慢吞吞地说道："刚才，你给我讲了你的故事，现在我想给你讲讲我的故事，好不好？"

"阿婆，你让我听你讲故事？太好了！快讲吧。"秀秀快捷地搬来小凳，坐在老人身边，把一只小手搭在她的大腿上，仰着脸注视着她,就像在听自己的奶奶讲故事那样。秀秀从小就爱听奶奶讲故事,可惜奶奶很早就离开了她。

吴晓梅显得有点尴尬,黄褐色的脸上,泛起一层淡淡的红晕。

秀秀不由得笑出声来。军军看到奶奶又要开讲了,便顾不得妈妈要他提防那野孩子的嘱咐了,赶忙离开现场。

阿婆肚里居然有那么多有趣的故事,起初,秀秀还做出正襟危坐的样子,到后来,她就坚持不住了,任凭自己随心所欲。

吴晓梅轻轻地告诉秀秀,她同秀秀一样大的时候,最喜欢做的就是读书写字。

可那个年代的女孩子哪有机会读书写字呢?

她的老家在西桥集镇北边的一个大杂院里。母亲早逝,两个姐姐很小就当了人家的童养媳,她和弟弟,还有瞎子爷爷以及重病缠身的奶奶,靠着她和父亲打理的一家祖传小鞋店,过着极其清苦的生活。突然有一天,瞎子爷爷非得要让她八岁的弟弟到私塾念书不可。父亲拗不过爷爷的固执劲,也只好叹气答应。于是,来回接送弟弟念书的任务自然落到她身上,她也因此有幸获得了能读书写字的好机会。

城里来的教书先生,是一个不苟言笑的瘦老头。开学后,先生教她的弟弟和其他五六个大小不等的孩子学第一课书。说实话,那第一堂课,就使躲在教室外偷听的吴晓梅完全入迷了。那位老先生抑扬顿挫的语调,通俗易懂的表述,令她觉得认字、读书是如此有趣!这时,她萌生了同弟弟一样上学的冲动。可是,她明白,在当时的社会环境中,一个穷苦人家的女孩是无论如何也没有机会念书的。眼看上学无望,她就想法子偷学。她每天把弟弟送进教室后,就躲在教室外的走廊里,一边从门缝里偷听老师上课,一边用树枝权当铅笔在地上横七竖八地练习写字。听了一会,她就不得不回到鞋店干活,而临近放学时,她又尽可能提早到校,哪怕能偷听半堂课也好。

"这样也能学得好?"秀秀冷不丁插了一句。在她看来这种学习方式也太不靠谱了。

"当然学得好。不过,光靠这种办法还不够。"吴晓梅有点神秘兮兮。

每天放学回家,等一切收拾停当,吴晓梅便开始温习白天听过的内容,有不明白的地方,就问弟弟。待家人都上床睡觉后,她就拿出弟弟的课本,在油灯下苦读苦练。夏天,蚊虫嗡嗡嘤嘤围着她乱咬一气,腿脚被叮得又红又肿,奇痒难忍。她就打来一桶水放在桌下,把腿脚浸在里面,免遭蚊虫叮咬。冬天,寒风凛冽冻得她缩成一团,她便用旧棉被裹在脚上保暖。这样坚持了大约三年,她的写作水平竟然超过了弟弟……

吴晓梅眯着眼,沉浸在往事中。

"你竟然超过了弟弟?"秀秀半是惊讶半是怀疑。尽管阿婆有着那样超人的毅力,可毕竟没有她弟弟那样好的学习条件,秀秀默默地想。

吴秀梅紧接着告诉秀秀:"这是真的。"

有一次,她看见弟弟正苦着脸写不出作文,就主动跑过去在弟弟的作文本上沙沙沙地写开了,于是,一篇五六百字的命题作文一气呵成了,这令弟弟又惊又喜。为了避免被先生发现,细心的弟弟果断地撕下她写的原稿，又在作文本上工工整整地照抄了一遍。哪知，第二天还是没能逃脱先生的火眼金睛。在确认事实后，先生举起戒尺，毫不留情地在弟弟的小手心上敲打起来。

这时，正在门外偷看的她，不知从哪来的勇气，瞬间推门闯了进去，粗着嗓子大喊："先生，住手！是我主动帮他写的，与他无关！"她说着这话时，已摊开手放在讲台上："来，打我吧！"

秀秀情不自禁地打断老人的话语，一迭声地称赞她："好样的！好样的！"

受到夸奖的吴晓梅愈讲愈起劲，甚至，还用颤抖的手势配合着高涨的情绪。

那一刻，老先生一脸惊愕地瞪着她："原来是你！"

先生万万没想到，这篇难得的好文章，竟出自眼前这个常在门外偷听的孩子之手。其实，先生早就发现她每天在门外躲闪的样子，只是不忍心赶走对念书近乎痴迷的孩子。

"是我。"吴晓梅大声说，"先生，我错了！"她的态度很诚恳。

"知错就好，下不为例！"老先生说着，缓缓放下戒尺，皱着眉头，背着手，在讲台前来回踱步。忽然，他停了下来，歪着头对她仔细端详了一番，然后又说，"你既然那么喜欢读书，我就为你破个例，从明天起，你搬个凳来坐在后面旁听吧。"

惊喜来得那么突然！吴晓梅不敢相信自己的耳朵，可是她却真真切切地听到了。她不由得"扑通"一声跪在先生的跟前磕头道谢，先生赶忙把她扶起来，说："不用，不用。"

以后的三年里，她便成了这里的一名旁听生，白天打理鞋店的任务也自然落到了她父亲一个人身上,而父亲居然对她没有半句怨言。

秀秀瞪大眼睛说:"你居然上学啦?可你是女的呀?"她曾听奶奶讲过,那时女孩是不能和男孩同学的呀。

"对,老先生对我破例了。孩子的家长当然有意见,但老先生我行我素,只当没听见。"吴晓梅说着像个小女孩似的捂着脸,吃吃地笑起来。

秀秀惊讶地叫着:"那个老先生,有胆量!"她不敢相信,眼前这个风烛残年的阿婆,居然有着那么一段美妙离奇的经历,对她的敬意油然而生。

吴晓梅兴奋地说:"老先生是城里来的,见多识广。幸亏遇上他,我才有了文化。"

"你有了文化,有什么用呀。"秀秀早就听说过,那时的女孩子只能在家绣花纳鞋,出嫁后也是养育孩子、烧烧饭罢了。

"这回你错啦!"吴晓梅得意地告诉秀秀,自从她认字后,邻里乡亲管她叫"秀才",自她嫁到刘家桥后,村里的人更是把她当成个宝。他们老是找她帮忙,比如请她代念代写书信等等,还有,就是教那些念不起书的孩子读书认字。直到解放后,领导还让她当了大队里的扫盲教师呢。

秀秀不禁对她竖起了大拇指:"了不起!了不起!"

吴晓梅满脸皱纹里都泛着笑意。

接下来,吴晓梅同秀秀叨叨了许多前尘往事。秀秀听得如痴如醉,一直听到她感到昏昏欲睡时,那唠叨声才从她耳际渐渐消失。

心语

吴晓梅怜爱地看着枕着她大腿呼呼入睡的秀秀，一边扶着椅把颤巍巍地站起身来，一边小心地把秀秀的头移到她的藤椅上。直到此时，她才停止了说话，她突然感到口干舌燥，甚至，还有点头晕。

唉，瞧我这脾气，一口气说了那么多，惹得这孩子也不耐烦了，吴晓梅有点自责，然而，浑身上下却感到无比的舒坦。

踢踢笃笃的脚步声响起，是军军来了。吴晓梅竖起食指，冲军军嘘了一声，又指指藤椅。军军吐吐舌头，放低了声音，说道："爸爸要值夜班，晚上不来了。"

老人无奈地说："让他们忙吧，都不要过来了，你也回去吧。"

这一切好像都在她的预料之中，孩子们回不来，而唯一在身边的军军呢，好像不太喜欢她，时常嫌她啰嗦，没事他不到这里来，即便有事也总是三言两语把她打发过去，除了她病重或特别难过的时候。相反，军军在爸爸妈妈那里却如小鱼儿一样活泛。

是因为自己老弱多病吗？吴晓梅曾无数次扪心自问过，但都否定了，以前，她和老伴健康时，军军也是这样的。他特别不喜欢听她讲过去的故事，只要她一开口，军军就立刻露出不耐烦的情绪。其实，不喜欢听她说话的又何止军军，即便儿子、儿媳，也总是嫌她啰嗦，连自己的宝贝女儿静静，也不例外。静静难得回来过个夜，母亲满高兴，憋了一肚子的话，不住地跟女儿倾吐。上了年纪的人，免不了把同一件事重复好几遍，静静有点不耐烦了，冷不丁提醒一句："姆妈，这事你说过了。"就把老人堵了回去。

那些邻里乡亲就更别提啦，偶尔见到他们时，她想唠嗑几句，可她一句话还没说完，他们就"嗯嗯啊啊"地走远了。想当初，许多人有求于她时，是那样的主动热情，而自己对他们也总是有求必应，不厌其烦。而现在，他们却……她时常望着他们匆匆离去的背影，黯然神伤。

自己啰嗦吗？她觉得自己一点也不啰嗦，她只是想同他们说说话而已，真的，仅仅是说说话。

吴晓梅的老伴去世后，阿狗和阿虎时常会请她到家里吃饭，她却如同喝着一杯白开水——一家人坐在一起吃饭，整个过程除了几句必不可少的话之外，其余时间就一概沉默不语，只听见叽叽嚓嚓的咀嚼声此起彼落。

吴晓梅实在耐不住了，作势想要说话，可总被儿子打了岔："姆妈，慢点吃，小心噎着！"

这么一来，她只得把到了嘴边的话咽回去。她不愿到儿子那里吃饭，宁可让他们送来饭菜，一个人吃。吃饭应该怎样才好呢？在吴晓梅看来，应该是一大家子围坐在饭桌旁，有说有笑的，在说笑中，把桌上香喷喷的饭菜吃掉。

你们不回来拉倒，反正这么多年过来，自己也孤独惯了，今天就算独自祭拜，想来老伴也不会怪罪我。吴晓梅边想边表情复杂地盯着依然侧脸趴睡在藤椅上的秀秀。秀秀睡得好香，黏糊糊的口水顺着嘴角缓缓流出来，吴晓梅想伸手拭去秀秀的口水，但又缩了回来，害怕惊醒了秀秀。

天快擦黑时，门外一阵急促的脚步声响起，原来是军军的妈妈，也就是吴晓梅的小媳妇。

小媳妇一手撑伞,一手拎篮,走了进来。她指着篮里的祭品,对婆婆说了声:"你的儿孙们托我一道办了。"就从篮里取出碗筷、饭菜和烛香,先把饭菜碗筷,按规矩散置在桌上,又在公公的遗像前点烛供香,磕几个头,叨叨三两句,然后,站起身来,瞟了一眼熟睡的秀秀,板起脸,快快地走了。她急着要去被淹的自留地里,抢收青菜萝卜呢。

饭菜的香味裹夹着缭绕的烟雾,在屋里弥散开来。

老人感觉秀秀该饿了,在香火燃尽后,就想叫醒秀秀。她挪过去,推了推秀秀的身子,秀秀却顺势侧过身去,忽然笑了,笑得格格的。

瞧这孩子,梦魇了,一准是梦见了啥喜事。

可不能再等了!老人害怕秀秀饿坏了。

"秀秀!秀秀!"老人下死劲抬高了嗓门。

秀秀终于慢慢睁开眼来,脸上还挂着笑。她揉了揉惺忪的睡眼,看了看身旁的吴晓梅,喃喃地说:"阿婆,我刚才做了个梦。"

"你梦见什么啦?笑得那么欢。"老人有点好奇。

"别提啦!我梦见那个坏女人,居然把一块红烧肉,夹着送到我嘴里,我,我……"

"红烧肉?你看,这里有呀,一大碗呢,还有其他好吃的,"吴晓梅怕她伤心,未待她说完,就指了指桌上,温和地说,"孩子,来,我们一起吃红烧肉。"那语气就像在招呼军军。

秀秀瞟了一眼冒着热气的红烧肉,忍不住直咽口水,但她忽然低下头去,用鞋跟碾着地面,又抬头看看门外的大雨,可见她心里满是不安。

老人察觉了秀秀的不安，随即换了个方式，说："来，孩子，我们赶紧吃饭，吃完了，我们来比赛剪鞋样，好吗？"

欢喜不觉在秀秀嘴角漾开："剪鞋样你能剪得过我吗？"

秀秀渐渐放松了，坐下来，开始大口大口地吃着香味扑鼻的红烧肉，黏黏的汤汁把她胸前弄得一塌糊涂也没发现。

吴晓梅不由笑出声来，笑声在屋子里弥漫开来，驱散了笼罩在这里的淡淡忧伤。

吃过了，秀秀把桌子收拾干净，吴晓梅就拿出一叠旧报纸和剪刀，并同秀秀商量好了比赛规则：在半小时内，看谁剪得又快又好。

秀秀看了一眼吴晓梅抖抖索索的双手，说："我先让你剪十分钟，要不，一刻钟也行。"

吴晓梅摇着头，把老花眼镜架在鼻梁上，然后说："我们开始吧。"

剪着剪着，秀秀不由紧张起来，原来她是不好对付的。

老人却不慌不忙，她问秀秀："你这手艺是谁教的？"

秀秀说是那个八妹。

"那你还说后妈坏透了？"

"你说什么呀？这种破玩意儿，我都不想学，可八妹死活拉着我学。剪什么剪，剪了还要做，烦死啦。八妹却说，要是不会做鞋，你出嫁后要受累的。"

"你该感激后妈才对。"

"感激？诅咒还不解恨呢。你知道吗？自从她的儿子一出生，我的好日子就没啦,整天忙这忙那不算,还经常挨打受辱。有一次,她的儿子不小心打碎了青花瓷糖果缸,可她在我爸爸面前一口咬定是我弄坏的,爸爸一气之下打了我几下。"秀秀说着,委屈地哭了。

秀秀是个好孩子,因而,爸爸妈妈都很爱她,尤其是,她妈妈过世后,她爸爸愈加疼爱她了,疼爱惯了,那天爸爸这点小小的教训,她就格外难受。多年以后,秀秀才知道,那对糖果缸是她亲妈给她和她爸留下的唯一念想,所以,当时爸爸才会那么生气。

老人放下手里的蚌壳棉鞋样,轻轻地摸了摸秀秀的头,说:"孩子,慢慢说,说出来舒畅些。"

秀秀快速擦了把眼泪,一边剪着虎头鞋一边说:"其实,那天爸爸也没把我打痛,他的手重重地扬起,轻轻地放下,有点虚张声势的味道。"

"就算被亲生父亲打几下,也不要紧,过去就好了。"吴晓梅轻描淡写地说。

秀秀瞪了一眼吴晓梅,咬了咬嘴唇,恨恨地说:"我是冤枉的呀!我就把无限的愤怒发泄在那个坏女人的用品上,不是往蛤蜊油里和上细泥,就是在鞋底戳上几个小洞。八妹从此对我变了脸……"

吴晓梅摆弄着手中好看的圆口搭攀鞋样,语重心长地说:"你后妈固然有不好,可你也太小气了,一点也不肯相让,结果是冤冤相报,没完没了。"

"这不是我的错,因为后妈她……"秀秀找不到合适的语言,一时语塞，显得很尴尬。

吴晓梅觉察到了这种尴尬，立刻转换话题："要不，我们看看，谁赢了？"

于是，两人对鞋样作了一番比较，最后秀秀认输了。

秀秀搔头摸耳怎么也弄不明白，一个老态龙钟的阿婆，竟然把鞋样捣弄得那么好看。

吴晓梅看穿了秀秀的心思，紧接着对她细细道来。

她娃娃时就跟奶奶学做鞋。

油灯下，奶奶眯缝着眼睛手把手地教她剪鞋样、纳鞋底、缝鞋圈……小小年纪就做针线活，真有点难为她了，时常不是剪破了手，就是不小心针尖扎到手指上，疼得她哇哇直哭。不过，疼过了，哭过了，还得接着做。即使在上学的那三年里，她也未曾间断过做鞋，只是每晚少睡了许多。

"就为了做鞋，这么折腾，值得吗？"秀秀说。

老人有点扫兴："值得！我就凭这点小本事，当时贴补了家用，后来嘛，派上大用场喽！"

那年，一路打鬼子的新四军路过这儿，住在了她的村里头。她看到那些小伙子的鞋跟磨破了，鞋头还长了眼睛，便连日连夜为他们赶做布鞋。许多妇女受她的感染，也纷纷拿起了针线，连那些大老爷们也编起了草鞋……

从此，她便成了当地有名的做鞋"专业户"，村里村外的许多妇女时常找上门来，除了请她代念代写书信，多半请教她剪鞋样，做鞋子。这样的事一直持续到她的手脚迟钝为止。

"你一辈子跟鞋打交道，怪不得这么厉害。"秀秀歪着头看着她惊奇地说。秀秀对她已佩服得五体投地。

吴晓梅却淡淡地说:"没什么,同你做个游戏罢了。"

又识字,又会做鞋,这个阿婆,到底还有多少本领没露出来呢?秀秀暗暗揣摩着。

这时候,桌上的座钟当当当敲了七下,吴晓梅伸了伸懒腰,仰天打了个哈欠。

秀秀突然意识到自己该走了,可是到哪里去呢?她迟疑不决:"阿婆,我能在这里住一夜吗?"

"孩子,你有家,快回去吧!"老人说着,找来一个青布袋,让秀秀把她换下的湿衣裤和算盘放进去。

秀秀提着青布袋,却一动不动。她实在不愿意离开这个暖意融融的地方。

"趁着天还有点亮色,快走吧,不然的话,你爸爸妈妈会急坏的。"吴晓梅低声细语地劝她。

秀秀烦躁地把桌上的鞋样弄得四处散落:"爸爸还没回家,那个八妹巴不得我死在外头呢。"

"不会的,后妈不敢对你太过分,你爸爸肯定回家了,说不准他正焦急地四下找你呢。"

老人不管秀秀愿不愿意,再三催她回家。

秀秀心里难受得不行,她任凭眼泪顺着面颊流下来,可紧咬着嘴唇,不让喉咙里的声音冒出来。她不想让阿婆再次为她难过。

"谢谢你,在这个伤心的日子里,给我带来了快乐。以后,常来玩,和我说说话,做做游戏。"老人说着,眼泪汪汪地把秀秀送到门外。还好，雨停了，只有风。

秀秀走了，吴晓梅靠在门后，潸然泪下，她不知道满肚子的话儿，以后该向谁说。

而秀秀呢，就像老人预料中的那样。她回家推开门的一刹那，父亲飞快地扑过来，一把抱住秀秀失声痛哭："秀秀啊，你总算回来了，爸找了你好半天，能想到的地方都去过了……是你妈不对，她不该打你……你要买算盘，是吗？爸马上给你钱……"父亲的整个身子像筛糠一样抖动着。

原来，当秀秀离家还不到一小时，后妈见势不妙，立马赶到两里外的村庄找到了秀秀的父亲永永，并把那事添油加醋地说了一遍，永永听罢，丢下泥刀撒腿就跑，冒着大雨四下寻找……

秀秀被父亲抱得喘不过气来，便用力挣脱他那宽大而温暖的怀抱，指了指手里的青布袋，小声说："爸，我不要买算盘了。"说话间，无意瞟见后妈站在一旁暗暗流泪。

这大风刮起来没个尽头，弄得庄户人家村前屋后的树枝噼里啪啦地乱响一气。

就在这个恼人的夜晚，吴晓梅与秀秀翻来覆去都睡不着。

吴晓梅不间断地回忆着这天所发生的一切，每一个细节都令她百感交集，有的甚至回味无穷。当然，她想得最多的还是：秀秀还会再来吗？而秀秀则反复地想：阿婆在想我吗？我以后应该多去看看阿婆，同她在一起真有意思……

对于秀秀会出现在吴晓梅出殡的队伍里，她的儿孙们都感到惊讶，虽然在此以前，他们已接受了无比震惊的一幕：吴晓梅在弥留之际，曾把她的传家宝——一对金手镯亲手送给了一位他们从未见过（军军和小媳妇除外）的陌生女孩——秀秀。

"为什么给她？"儿孙们的嘴巴几乎都张成了 O 型。

吴晓梅一字一顿地说："因为她愿意听我说话，我给她留个念想。"

春暖花开时，在吴晓梅的坟前，人们时常会看到这么一幅情景：有个姑娘手捧一束野花站在那里，嘴唇在不停地翕动，好像在轻轻地说着什么。细心的人还会发现，姑娘的两个手腕上都戴着金光闪闪的手镯。姑娘的名字叫秀秀。

秀秀长高了。

大哥牌菜泡饭

那年我十岁,弟弟九岁,小妹才七岁。我家住在西桥镇附近一个小村庄两间破旧的平房里。父亲病逝后,母亲为供我们念书,跟着姨妈到县城一家棉纺厂做工。我们兄妹四人在西桥镇念书,大哥则边读书边当家。多年来,我和弟妹把对父亲的依恋寄托在大哥身上。实际上大哥才比我这个大弟长五岁。

大哥持家有方。

我们的早饭老三样,山芋南瓜粥就咸菜;中午不是山芋饭,就是麦片饭,再用些蔬菜拌饭。一天中午,隔壁伯伯从招待亲戚的饭菜里,匀出一碗白米饭和一个荷包蛋送给我们。大哥将饭留作晚饭,而把荷包蛋分成四份留到次日中午冲汤吃。家里母鸡下的蛋我们不舍得尝一个,都把它积攒下来到大队办的小店换取油盐酱醋。晚上我家从来不炒菜,大哥把中午吃剩的饭菜,添加些油盐熬成稀粥吃,我们称它菜泡饭。吃的次数多了,我们就戏称它为"大哥牌菜泡饭"。

每天放学后,我和弟弟割草回家时,总看到大哥忙得满头大汗,嘴里怨天怨地:"烦死人啦!我的小祖宗们!快来帮帮忙嘛。妈妈当初为啥不给我生个大姐啊!"

我和弟弟闻声赶忙跑过去,帮着他干点零活,小妹也会丢下

心语

作业跑过来。这时，暮色渐浓，锅里嘟嘟沸腾的菜泡饭飘逸出一缕缕诱人的香味，令饥肠辘辘的我们直咽口水，眼巴巴地盼着大哥开饭的吆喝声。

"开饭啦！"大哥终于吆喝起来。

我和弟妹赶忙放下手中的活儿，取来心爱的小木碗放在土灶上，大声嚷嚷起来——

"我的蓝色碗！"

"我的黄色碗！"

"我的红色碗！"

大哥把菜泡饭分别舀在我们各自的小木碗里，从不弄错。我的蓝底白边，弟弟的黄底黑边，小妹的则是桃红色。我们对自己的木碗情有独钟，因为它是母亲特意从城里买回来的，既好看又摔不坏。

木碗里盛满了黄灿灿的山芋块，其中夹杂着几粒白米，几张微显黄意的菜叶子黏在山芋上，表面漂着的三两滴透亮的油花，煞是诱人。

我们津津有味地吃着，舒缓地咽入喉咙，无意间嚼到米粒，便含在嘴里细细品味，一股淡淡的米香就在舌尖蔓延开来。此时，我们心里突然冒出一种奢望——要是能喝上一碗稠稠的白米粥，那该多么幸福啊！

次日傍晚，大哥又在灶屋间吆喝了，我和弟弟依然手捧木碗跑进灶屋，可小妹却躲在墙角抽泣着。"怎么啦？"大哥闻声走近小妹关切地问。

小妹倏地扑到大哥怀里哭起来："我要喝白粥！喝白粥！"

我立刻想起刚才放学路过伯伯家门口时，病中的堂姐坐在门槛上，正呼噜噜喝着一小碗白米粥，小妹的眼睛随即为之一亮，小脚像生了根似的迈不开步子。我和弟弟特别理解小妹，却不满意她在他人面前露出馋相，丢人现眼，便连哄带骗把小妹拽了回来，想不到她现在又跟大哥撒起娇来。

"别哭啦！大哥这就给你白米粥。"大哥边哄边拉着小妹来到土灶前，不住地把山芋块和菜叶子拣到大碗里，最后从锅底舀起小半碗被山芋染黄了的白米粥，笑吟吟地递给小妹。

大哥常常喝我们剩下的汤汤水水，小妹却偏要出花样，给大哥添麻烦，真让我气不打一处来。我瞪大眼狠狠地盯着小妹，直盯得她小脸羞得通红，咬着左手指闪到大哥背后，才收回目光。小妹好似明白了什么，讪讪地把粥倒回了锅中。

第二天早晨，我和弟妹上学去了。上午最后一堂课时，天空下起了瓢泼大雨，听着窗外噼里啪啦的雨声，我心中忐忑不安起来。下课铃声响了，讨厌的雨还是下个不停。教室里带伞的同学飞快地冲出教室，撞得桌椅乒乓直响，有几个没带伞的同学无聊地擂桌跺脚怪叫起来。门口，不时有家长给自己的孩子送来雨伞或是午饭。教室内外一片嘈杂。

弟弟和小妹在我教室门口东张西望，我向他们招招手，让他们进来和我坐在一起。

小妹刚坐下来就问我："二哥，我们怎么回家呀？"

"等雨停。"我说。

"雨不停怎么办？"小妹有点急了。

"饿一顿呗。"我不屑地说。

"我肚子痛,我要吃饭!"小妹呜呜哭出声来。

"强强……"一个熟悉的声音正在教室门口呼唤着我的小名,我们抬头一看,异口同声地惊叫起来:"大哥!"

怎么会是大哥?我简直不相信自己的眼睛。

尽管家累沉重,可大哥却是刻苦上进、品学兼优的好学生。为了每天中午跑回家给我们做饭,他常将中午的作业留到晚上做。做完午饭,他草草扒几口就赶去上学,可要是中午来给我们送饭,那他下午上课就得迟到。

来的正是大哥!

大哥浑身湿漉漉地站在门口,亮晶晶的水珠从头发上不停地滚落下来。他笑眯眯地走近我的座位,小声说道:"知道你们没带伞,我就请了个假,给你们送饭来。"说着,掀起罩篮的盖子,取出三碗菜泡饭,不好意思地说:"快没粮了,就吃菜泡饭吧。"

我和弟妹急不可耐地端起木碗,狼吞虎咽起来。

教室里有一股鱼肉的香味萦绕不去,有些家长送来的菜有鱼有肉,当然,多数还是青菜萝卜。

"光吃山芋泡饭?"正吃着鱼肉的调皮鬼小虎瞥了瞥我们的木碗,一脸惊讶。

我和弟妹的脸涨得通红,迅速埋头默默吃我们的菜泡饭。忽然一口山芋噎得我几乎喘不过气来。

大哥不停地吩咐:"慢点吃,慢点吃……都怪我,不小心把汤泼散了,也没法冲个咸菜汤。"

我和弟妹朝大哥连连摇手,示意他打住,可还是被小虎他们听到了。

这下小虎更来劲了，他丢下饭碗，两手一撑飞快地跳上课桌，舞动双手怪叫着起哄，几个正在一边吃饭的同学也哈哈大笑起来，都笑话我们的寒酸。

班长小林见不得小虎撒野，跑过来厉声呵斥小虎道："你靠着当大队长的爸爸吃鱼吃肉，有什么了不得？快下来！"

小虎吐了吐舌头，怪叫一声，跳下课桌，溜走了。

我和弟妹把大哥送来的菜泡饭一扫而光，大哥收起木碗就转身走了。

我们站在教室门口目送着大哥，直到他单薄的身影渐渐消失在密密麻麻的雨帘中。不知为什么，我心头涌起莫名的酸楚。

一次，在外做工的母亲回家养病。那几天里，我们奇怪地发现，大哥总是愁眉苦脸地在家待着。我和弟妹想方设法逗大哥开心，但他的脸还是绷得像个鼓。我不明白这是为什么，直到有一天深夜，朦胧中听到母亲和大哥在灶屋里说的话才恍然大悟。

原来，大哥眼见家里的窘境，决定放弃他心爱的学业，把念书的机会让给三个弟妹。大哥的想法让母亲痛苦不已，但她的态度很坚决，宁可砸锅卖铁，甚至负债，也要让成绩最好的大哥念上书。

其实，我们都清楚，母亲为了供四个孩子念书，几乎已变卖了家里所有值钱的东西，连她的陪嫁——一对明代青花瓷小盖缸，也含泪卖了，至今还欠了生产队不少口粮钱。大哥同母亲争论不休，好像母亲还哭了，因为我听到她不停地抽鼻子擤鼻涕的声音。

几天后，大哥不顾母亲反对，断然去邻村周木匠那里当学徒。大哥是为了我们才辍学，令我忐忑不安。

两个月过去了，母亲的病还未痊愈，家境因此每况愈下。大哥每次回家看到面黄肌瘦的我们，喝着清凌凌的粥汤，先把双眉紧了，然后不停地叹气。

有一次，小妹吃罢晚饭，摇着他的手说："大哥，我想吃你的菜泡饭啦！"尽管大哥一声不吭，脸却像扭曲的丝瓜，苦苦地愁着。

一天傍晚，天空灰蒙蒙的，北风将窗外的树枝吹得噼噼啪啪乱响一气，令急盼大哥回家的我们心烦意乱。我们老早喝了碗照得出人影的薄粥，肚里已发出"咕噜噜"的声响。母亲说："又冷又饿的，还是早点睡吧，睡着就好了。"我和弟妹如同往常一样，等不到大哥就赖着不走，何况这糟糕的天气让我们更放心不下大哥。

天越来越黑，风越刮越大。突然，从门外传来一阵沉重而急促的脚步声，敏感的我们不约而同地伸长脖子向门外望去，一眼就看到了大哥，立刻高兴地狂喊道："大哥回来啦！大哥回来啦！"只见大哥提了个青色土布袋径直往灶屋里去，我们赶紧跑过去围着他。

待母亲将煤油灯移到灶屋里，大哥立即解开包裹。哇，一包裹的糕点，每一块上都戳了个不规则的大红印记。

我们目不转睛地盯着糕点，生怕到嘴的美食长了翅膀飞走了，小妹快乐地一下吊住了大哥的肩膀。

母亲疑惑地问："哪来的？"

"今天东家上正梁，我把抛梁后剩余的糕点带了些回来。"大哥说。

母亲吁了口气，苦笑着说："我们一天就喝两顿稀粥，你弟妹饿得头晕眼花，连路也走不动了，这下可有救了。"

"糕点挺耐饥的。"大哥有点兴奋。

母亲定了定神，突然话锋一转，说："你顾家是好事，但悄悄带回东家的东西，不地道。"母亲很是不安。

"姆妈想到哪儿去了？这抛梁糕点本来就是抛给大家吃的，只是，周师傅抛梁时剩下了一点，便当众分给了我们学徒俩，只怕东家也是知道的。"大哥说得合情合理："姆妈要是不放心，我跟东家补个招呼就是了。"

"必须的。"母亲听大哥这么一说，心里就踏实了。

次日中午，母亲给我们端出用切成小块的米糕煮成的菜泡饭，我们一见就脱口而出："大哥牌菜泡饭。"母亲的菜泡饭同大哥的在形式上一模一样，所不同的是黄灿灿的山芋块变成了乳白色的米糕。吃到母亲的菜泡饭就自然想起大哥牌菜泡饭。

一个初冬的早晨，母亲病愈后返回原单位做工去了，她给我们留下了点米和零花钱，说是等发了工资就给我们寄钱来。

转眼一个月过去了，却未见母亲寄来钱，后来才知道她把钱先给外公治急病了。家里所剩食粮已不多，钱也花完了，我和弟妹养羊养兔挣的钱又用来交学杂费了。幸亏大哥抽空打理的自留地有点收成，能让我们勉强糊口，还有，他不定期带点过了明路的抛梁糕点接济着我们。

或许是太忙太累了，大哥突然病倒了，两天两夜没吃东西，这让我和弟妹万分焦急。

心语

我和弟妹站在大哥床前,看着昏昏沉沉、痛苦呻吟的他,伤心得泪水涟涟。半夜,忽听大哥凄楚的呼喊声,我和弟妹从床上一跃而起,摸黑挪到大哥床前,点亮煤油灯,只见大哥跌倒在地,身子抽搐个不停。一定是大哥起床方便时晕倒了。我们赶忙扶大哥回到床上,他全身烫得像个火球。

我给大哥倒来开水,撮尖嘴吹凉后端给大哥,大哥"咕咚咕咚"一口气喝完。

弟弟打了一盆清洌洌的凉水,小妹把毛巾放进脸盆浸湿后又挤干,敷在大哥额头上,又用棉花球蘸了水,在大哥布满水泡的嘴唇上轻轻擦拭。以前我们生了病,从来不看医生,都是母亲蘸点菜油给我们刮痧,或者到野地里采点草药煎了喝下去。可眼下我们实在没办法,只能这么做了。

"你们快睡吧,我不要紧的。"大哥吃力地反复催促我们。我们都不愿离开他,直到公鸡报晓才各自回到自己床上。

我躺了下去,却没有一点睡意,眼前全是大哥的影子。"大哥,大哥,我用什么办法来救你?"我心里真急哪!如果我是个神医,当双手摸遍大哥的全身——不,只要一根手指轻轻一碰大哥,所有的病魔便统统滚蛋,那该有多好啊!

这么想着,我忽然想起同学陆小欣的父亲是公社医院的医生,大家都说他是有德有艺的好医生。我决定去找他。

天刚蒙蒙亮,我留下弟弟陪护大哥,拉着小妹的手一路小跑直奔同学小欣家。

见到正在吃早饭的陆医生,小妹捂着脸"哇"的一声哭了起来,我的眼泪也一股脑儿地往下淌。

陆医生放下碗筷温和地问我:"孩子,出什么事了?慢慢说。"我便把大哥的病情一五一十地讲了一遍,陆医生神色紧张地说:"走,快去看看。"

陆医生赶到我家,坐在大哥床沿上,边询问病情边给他把脉量体温,而后从药箱取出几包药,写上说明后递给我。我不由自主地倒退了一步,满脸尴尬地说:"我家没有钱。"

陆医生说:"我跟医院去结账。"

我和小妹听后,激动得热泪盈眶,赶忙磕头道谢。

陆医生说:"不用,不用,你们同学之间相互帮助是好事,做家长的应该支持,再说了,救死扶伤是医生的天职呀。"

送走了陆医生,我赶紧让大哥服了药,同时默默祈祷大哥快点好起来。

大哥连服了三天药后,果然退了烧也有了胃口,让我给他熬粥吃。我和弟妹高兴得手舞足蹈,大声呼喊:"大哥得救了!大哥得救了!陆医生是神医!神医!神医!"

大哥的病好了,但恢复缓慢,我和弟妹总想弄点好吃的,让他补补身子。街上的好东西,我们没钱买,只好自己动手,学做大哥牌菜泡饭。

那天放学后,我们兵分几路找来食材,妹妹挖野菜,弟弟采野菱,我先去掏鸟蛋,后又问伯伯借米来,抓几把淘净,把菜和菱肉洗好,然后开锅了。

我正要往热锅里滴油时,小妹忙说:"先放米!"

"谁说的?"我不屑地瞟了眼小妹,"你只晓得哭着要喝白米粥!喝白米粥!还懂什么?"

> 心语

"小妹说得没错,先放米和水,最后才滴油。"弟弟添了把柴火,探出头来帮腔。

"你懂个屁!"我没好气地骂弟弟,但还是放下了举在半空中的油瓶。

"你来烧火,我来上灶。"弟弟熄了灶火,不服气地说:"大哥从来不起油锅!"

我不肯相让:"先起油锅,再把野菜放入,翻炒几下后,取出,然后放米和水。"

于是,一顿争吵,争得面红耳赤,还是不可开交。直到小妹得意地搬来大哥的"圣旨",才让"战火"平息。我们乖乖地听着大哥的指挥,先放米,再放水,烧开,然后,先后放入菱肉、野菜和鸟蛋,最后滴入菜油。

终于煮了一大碗香喷喷的菜泡饭,欣喜地端到大哥床前。

大哥一见飘满了油花的菜泡饭,一边打嗝儿,一边摇头说:"我实在吃不下。"

"大哥,你几乎天天为我们烧菜泡饭,我们给你烧的,你怎么也要吃下去。"我们苦苦央求着大哥。

大哥感动得不知说什么好,勉强吃了一口,还是把菜泡饭推给我们吃。望着大哥苍白消瘦的脸,仿佛时间倒流了,一幕幕往日的情景又浮现在我的眼前,我的泪水一滴滴落到了地上。我第一次真切体会到了兄弟间手足之情的真正含义。

转眼大年夜到了,大哥吃了我们每天设法做的菜泡饭,身体渐渐康复,打算年后继续做木匠。母亲早就来信告诉我们,大年夜要回家过年。接连的喜讯,让我们高兴得笑出声来。

这天傍晚，天阴沉沉的，风凉飕飕的。我和弟妹迎着寒风，蹦跳着来到了新漆过的轮船码头候船小屋，二十多个大人小孩三三两两地挤在一起，我和弟妹也挤进他们中间。忽听得"呜——"的一声汽笛长鸣，我和弟妹如小兔似的奔跑出小屋，来到河边宽宽的旧石板台阶上踮脚张望，只见不远处一条闪耀着灯光的轮船正缓缓地驶近码头。

船舱里的客人陆陆续续快走完了，还是不见母亲的身影，我和弟妹心急如焚。

这时，最后上岸的姨妈走过来对我说："你妈要去做几天帮工，不回家过年了，这包鱼干和几双袜子是她托我带给你们的。"

我和弟妹接过硬邦邦的鱼干和软绵绵的袜子奔回家，垂头丧气地对大哥说："妈要去做帮工，不回家过年了。"

大哥强装笑脸说："妈当帮工也是为了我们，今天大哥我来给你们做年夜饭吧。"

大哥一个人在灶屋里忙乎了一会儿，又吆喝了起来："快来吃年夜饭喽！"

我和弟妹争先恐后地捧着木碗跑到灶屋里，又是黄灿灿的大哥牌菜泡饭。不过，眼前的菜泡饭比以往的稠多了。大哥仿佛看透了我们的心思，边盛饭边说："天寒地冻的，找不到好东西给你们吃，我只好把昨晚剩余的菜泡饭滤干了再蒸热，你们权当年夜饭吃吧。"

于是，我们兄妹四人穿上了妈妈捎回的新袜子，围坐在破旧的方桌上，欢欢喜喜地吃着年夜饭。窗外北风呼呼地刮着，屋里却被热腾腾的菜泡饭和温厚的兄妹之情熏染得无比温暖。

心语

"年夜饭好吃吗?"大哥轮流看着我们问道。

我和弟妹俏皮地把吃得精光的木碗给大哥看,大哥干巴巴的脸上顿时山花烂漫地绽开了笑意。

小妹像小时候那样一下骑上大哥的背,大哥背着她哈哈大笑着在屋里转着圈,我们也跟着欢快地笑起来,四人笑成一片。

后来,我到外地读书了,终于告别了令人揪心的大哥牌菜泡饭。尽管那段物资匮乏的岁月早已一去不复返,但在那少年时代让我欢喜让我忧伤的大哥牌菜泡饭,却留在我心里从未远离。

同桌

明天，也就是明天上午，在庄严的小学毕业典礼后，陈灵要停学了。

孙芸两肘撑在窗框上，双手交叉十指托着下巴，眺望着窗外的满天星星，陷入了沉思。

就在昨天放学回家时，到了该分手的三岔路口，陈灵突然拽住孙芸的衣角，哆嗦着递给她一张纸条。

孙芸接过纸条，扫了一眼，很是惊讶。她惊讶地问陈灵，为什么要停学？

陈灵犹豫地看着孙芸。孙芸看到陈灵的脸上铺满忧愁，好像一个尘封已久的洞口向自己渐渐打开。她慢腾腾地从书包里摸出纸笔，写道，继父从人家的脚手架上摔下来，死了，我没钱念书了。陈灵凄楚一笑，又写道，我舍不得学校，也舍不得你们，可是……陈灵写不下去了，泪水汪汪的大眼睛透出绝望的光，身子剧烈摇晃起来。

孙芸赶忙搂住陈灵的肩膀，陈灵顺势歪倒在她的怀里，哇哇大哭。孙芸有点动容，说，别哭了，别哭了！光哭有什么用？我来想想办法，或许还有机会呢。实际上，她对自己这个承诺心中也没底。

陈灵收住泪,摇摇头,表示不想麻烦孙芸。

陈灵停学的事只告诉了孙芸一个人。孙芸估计她不想打扰同学。与其说是不想打扰,倒不如说是无可奈何。以陈灵在同学心目中的地位,很少有人对她的辍学感兴趣。你陈灵学习再好管什么用,都是你自个儿的事。再说了,即便有人问候几声,那也无济于事啊,何况,还不一定发自内心呢。

微风吹来,孙芸感到有点凉意,顺手拿了母亲的外衣套上,依然回到原处,两手搭在窗框上。不知为什么,她眼前挥之不去陈灵那张楚楚动人的小脸。其实,那张小脸从来没有涉足过她的记忆,只是近来多少有些印象,但也说不上非常深刻。可今夜的感受截然不同,陈灵小脸上聚积着的凄苦一点一点地展现在她眼前。

孙芸捋了捋垂下的一绺黑发,遥望着窗外繁星点点的夜空,不禁思绪万千。

那是个星期六,孙芸的心情懊恼透了。不知为什么,每逢周末她都会有点倒霉。上个周末,语文单元测试卷发下来,她居然漏做了一道简单得要命的问答题,被活生生地扣掉了五分。上上个周末,原本倒背如流的节气歌,哪知老师提问时,她却背得颠三倒四。还有上上上个周末……她边跑边想,好像每个周末都会倒霉呀,那么,今天又会发生什么倒霉的事呢?想到这些,她有点紧张,更有点懊恼,只好小心地走进闹哄哄的教室,坐好。才坐稳,班主任就走了进来,拿起教棒轻轻敲了敲讲台,教室里立刻安静下来。

同桌

"我给大家介绍一位新同学……"老师话音刚落,一个黑黝黝的高挑女孩,怯生生地从门外走了进来。

"咦?这么大的女孩怎么才上六年级呢?是不是走错了教室门?"老师的嘴唇不停地翕动着,可孙芸什么也没听到,只顾看着那个大女孩出神,直到同桌的婷婷,拎着书包站起身来,同她打招呼才如梦初醒。她明白,从现在开始,这位土里土气的大女孩,将代替婷婷成为自己的同桌。

事实上,老师把婷婷调走,是想让学习委员孙芸带带这个特殊的新同学。

孙芸还没缓过神来,新同桌已羞答答地站在她身边,比画着,为配合手势,嘴里还咿咿呀呀的,惹得全班同学哄笑起来,笑得前仰后合。孙芸却笑不出来,因为懊恼的情绪并未消失殆尽,新一轮倒霉又接踵而来。

同桌满脸通红,额上渗出一粒粒细细的汗珠子,用感激的目光看了一眼孙芸,便在哄笑声中坐了下来,然后,怯怯地掏出课本。孙芸用眼睛的余光瞥见同桌课本封面上的名字:陈灵。

孙芸的同桌叫陈灵。这个比孙芸高出大半个头的女孩看上去有些老相,好在她那张瓜子脸,和一双会说话的大眼,弥补了这点缺憾。而那柔软的黑发编成的长溜溜的独辫,更使她平添几分妩媚。与普通孩子比,陈灵少了张嘴巴。当然,不是她真的没长嘴巴,只不过长和没长没什么两样,因为她说话口齿不清,只会咿咿呀呀。可与哑巴相比,她又多了双耳朵,能听见别人说话。当时,孙芸就知道这么多。

心语

陈灵不说话，也不随便笑，偶尔笑起来，大概想着自己的缺陷，格外谦和娇羞。其实，通常不会说话的人比常人有更强烈的说话欲望。陈灵也一样，她很想同能说会道的人说话，但又怕被人嘲笑，因而只能不说话。

陈灵很能绘画。她能把千姿百态的人物形象和那些花花草草描摹得活灵活现，以至于，老师总在她的图画作业本上打了"优"，还要添个"+"。她不仅画得好，还对绘画艺术有独到见解，甚至，能把绘画同不会说话这两个逻辑上不关联的东西，联系在一起。这并不是孙芸下意识琢磨了她才有的看法，也不是对她产生了浓厚的兴趣，而是因为，她俩是同桌，所以，她的好多特点有意无意进入了孙芸的视野。

同桌已是不可回避的事实，无论你称心也好，无奈也罢。她们的座位靠北边的墙壁。孙芸离开座位，总要陈灵挪一挪凳子，或是微微向前倾倾身子。下课时，孙芸总爱去室外晒晒太阳，伸个懒腰，聊聊天什么的。陈灵却不一样，她除了方便以外，几乎不出教室门，就坐在那里，看书或绘画。

陈灵每天坐着读书，做作业，终于在期末考试时初见成效。她的总成绩比期中考试提升了二十来个名次。不过，她并不满意，她认为这仍然不是很理想的成绩。所以，新学期开始，她依旧猫在那里，铆足了劲写作业，看书，偶尔也咿咿呀呀地读书，虽是竭力压低喉咙，依旧有一句半句声音大了些，传到孙芸耳朵里，每每令孙芸哑然失笑。孙芸总是情不自禁地想起自己曾见过的哑巴，咿呀咿呀跟人说话的情景。如果说，她这么做算是一种毅力的体现，那么，孙芸对此有点反感，孙芸认为那是她的一种自虐行为。

她们平时也交流，孙芸说话，陈灵用文字作答，但很简短，且没有哪句话能留在孙芸的记忆里。

孙芸对陈灵的情绪是复杂的，同情、轻蔑、嫉妒、可怜和嘲笑，弄不清哪一种情绪最突出。但有一个特点倒是很明显，那就是孙芸同她说话总是居高临下，不留情面，有时还很刻薄。即便是这样，孙芸觉得，已是对她的恩赐了。

有一次自由活动课，孙芸隐约听到断断续续的歌声，便不自觉地捅了捅陈灵的手臂说，喂，听见了吗？陈灵的眼睛终于离开课本，微笑着点点头。

我们去听吧！孙芸带点命令的口气。陈灵立刻收起笑脸摇摇头。

孙芸不耐烦地合上陈灵的书本，说，走吧，走吧，看你老这么耗在这里写呀看的，就算身体挺得住，眼睛也受不了呀！未等她有什么表示，孙芸一把拽着她的胳膊，往门外跑。

她们循声来到学校礼堂，原来陆老师正在为女生排练集体舞《北风吹》，据说，要参加公社小学生文艺汇演呢。她俩在一旁愉快地观看。看着看着，孙芸惊奇地发现陈灵竟然也跟着扭动起来，还扭得有模有样的。更令孙芸想不到的是，此后的一个月光景，陈灵竟一次不落地在礼堂一角学跳舞。

很快到了彩排那一天，课外活动时，陈灵拉着孙芸乐颠颠地来到礼堂。这天围观的同学很多，陈灵和孙芸只能在后排踮脚翘首看彩排。那些跳舞的女同学个个打扮得像喜儿，好看极了。

歇了一会，陈灵就按捺不住了，一个劲挤到了前排。

陆老师没注意她的靠近，扯着嘶哑的嗓门指挥着，还不时给大家做示范。几经周折，集体舞总算勉强过关，可那个领舞却几次三番也过不了关，老师不得已批评了几句，领舞就跟老师较上了劲，死活不肯再跳了。

此刻，陈灵突然有个念头，这个念头令她脚底生痒。她逮住了她们解散的机会，疾步上前，把垂在脑后的长辫子一甩，踮起脚轻盈盈地舞动起来。她身材纤细，有舞蹈天赋，更有后天的努力。她五六岁时，就跟着隔壁阿梅学跳舞，阿梅是公社文艺宣传队队长，每次演出，总是让她跳独舞。她节奏感强，舞姿优美，大人们戏称她"小童星"。

现场好多同学都看傻了眼，陆老师也大吃一惊。陆老师定了定神，便喜上眉梢，一迭声夸她跳得太好了！太好了！

陈灵被夸得不好意思起来，捂着脸，一溜烟跑回教室。

紧接着，孙芸气呼呼地跟回来，一见陈灵就劈头盖脑地骂道，就你爱表演，就你爱出风头，羞死人啦！孙芸虽惊叹陈灵的舞蹈才能，可又不满她在众人面前抢风头。但是，陈灵陶醉在欢乐里，对孙芸的几句难听话，显得满不在乎。

第二天晨会前，陆老师来找陈灵。她朗声说，陈灵，我想让你当领舞。陈灵听得真真切切的，同时也感受到了孙芸怪异的目光。可她没有犹豫，微笑着冲陆老师连连点头。

这一天，陈灵特别开心。她觉得自己已融入了周围世界，和同学们已没有了隔阂。带着这崭新的心情，陈灵在课堂上听得特别认真，作业也做得格外仔细，课间竟破天荒地走出了教室，咧着嘴，微笑着回报大家友好的目光。

下午自由活动课开始，陆老师就来找陈灵。

礼堂里已经有同学在练习《北风吹》的集体舞了，陈灵跟在陆老师后面一遍遍地练习。周围已有不少围观的同学，陈灵班上有帮男同学也闻讯赶来助兴。陈灵出众的身材、迷人的舞姿令其他舞者黯然失色，同学们都觉得陆老师选对了人，她去了准能拿个特等奖回来。陈灵在众人的叫好声浪中飘然欲醉，欲罢不能。过了好长时间，才停下来，双手撑着腿，弯着腰直喘气。

就在这时，一个酸溜溜的声音吓了他们一大跳，哎呀，躲在这里看女孩子跳舞呀！我满世界找你们，把腿都跑断了。一瞬间，同学们的目光齐刷刷地汇聚在孙芸的身上。她的腿倒是没跑断，一条小辫子却跑散了。只见她一手捂着散乱的小辫子，一手拿了个记事本，气鼓鼓地在人堆里寻找本班的同学，见一个问一个，喂，你的作业本呢，快交上来！

嘿，作业本在课桌里呢，忙着看陈灵跳舞，把这事丢到脑后了。班内同学心虚地看着自己的鼻尖不作声。

此时，《北风吹》的乐声再次响起，陈灵随着优美的旋律舞动起来，同学们如痴如醉地盯着陈灵柔软的腰肢，把孙芸撇在了一边。

快停下！一向厉害的孙芸哪能就此败下阵来，她咬着牙挤到陈灵面前吼叫，都是因为你，害得我作业本都收不齐！

没头没脑挨骂的陈灵像被蛇咬了一口，脸色也变了，正要申辩一下，突然想起自己的缺陷，只好勉强浮出几缕笑纹，打着手势告诉她，这事与我无关！

孙芸气势汹汹地说，怎么无关？都是你，把他们迷得七荤八素的，连作业也忘记了，哼，都是些没出息的家伙！

明明是他们自己跑来的，竟全赖在我头上了。陈灵也来火了，索性闭着眼睛不理她。孙芸的眼里满满的都是羡慕嫉妒恨，大声吼道，你，你给我回去！她说着，一把拉住陈灵的手想要往外跑。

你太过分了！

你分明是嫉妒！

说得对，你就是嫉妒！……

在场的那帮同学实在看不惯孙芸的蛮横无理，你一言我一语对她谴责起来。

怎么啦？我就是嫉妒，因为我已郁闷个把月了。孙芸双手叉腰，瞪着眼，摆出一副敢做敢当的模样。她是个火暴脾气，惹毛了她，她敢操起板凳来跟你对着干。幸好，陆老师及时调停，才平息了这场"战火"。

第二天，天气很冷，陈灵一大早就在礼堂苦练。陆老师自然在一边陪练。穿着臃肿的校长缩手缩脚地来上班时，路过礼堂，看到衣着单薄的陈灵正跳得满头大汗，很是惊讶。校长立刻把陆老师叫到一边问道，这是怎么回事？陆老师便把事情的来龙去脉和盘托出，校长听着慢慢皱起眉头，单刀直入地说，你不能让陈灵去！她是个残疾孩子，应该找个正常的孩子去表演。

由陈灵领舞是绝对可以让学校获奖的。陆老师肯定地说。

名次是次要的，关键是学校的声誉。堂堂一个中心小学，让个残疾孩子去表演，要是被其他学校知道了，会笑话我们的。校长有点恼怒了。

陈灵这孩子既有舞蹈特长，又肯吃苦，我们应该给她一个表现的机会啊。这对她很重要。陆老师据理力争。

我允许她在这里上学就是给她机会啊。再怎么也不能让她到校外去丢人现眼。校长斩钉截铁地说。

我同她说好的。陆老师为难地说。

这没什么，跟她解释一下。校长撂下这句话，气哼哼地走了。

不用解释了！适才陈灵已隐约听到了校长与陆老师的对话。听到对话的，不仅陈灵，还有来找陈灵去参加学雷锋活动的孙芸。孙芸看着悲戚的陈灵，产生了一种幸灾乐祸的快感。她飞奔出去，逢人便说，知道吗？陆老师被校长骂了，骂她不该让陈灵跳舞，知道吗？

仿佛当头挨了一棒，陈灵只觉得大脑嗡的一声，不记得自己是怎样离开学校跑回家钻进被窝抽泣的。这是她上学以来第一次逃学。她不想再见任何一个同学，那是多么没面子的事情呀。该死的校长，故意在她和同学之间筑起了一堵高墙，明晃晃地将她和同学们阻隔开来，她将重新回到从前孤单落寞的世界里。想到这儿，她放声大哭起来。可任凭她如何痛哭流涕，也永远无法消除这个不平等呀。同学帮不了她，老师帮不了她，连妈妈也帮不了她。

陈灵妈妈中午回家，看见钻在被窝里哭得稀里哗啦的女儿，不禁迷惑起来。待她弄清事情的真相后，只是摇头叹息。她伤心地想：这有什么好哭的呢，要是那么容易哭，自己不早就哭瞎了眼，关键是人家校长对我们够照顾的了。因此，她拿定主意，任凭女儿怎么哭闹也不去哄她。

心语

陈灵妈妈做好午饭后，自个儿扒了几口，出门下地了。她实在看不惯女儿的脆弱，眼不见为净。反正丈夫在外做泥瓦工，其他三个孩子又在学校吃食堂。

陈灵一大早哭哭啼啼地冲出了校门，陆老师放心不下，午后便来到她的家。

陆老师推开虚掩的木门，径直走到她床沿上坐下，看着泪水涟涟的陈灵，抱歉地笑了笑，掏出花手帕为她轻轻擦拭眼泪。陆老师身上散发出的一丝淡淡的、幽幽的雪花膏香味好像有止哭功能，陈灵哭着哭着就停了下来。陈灵看见老师的脸有点灰暗，不由感到一丝内疚，觉得自己很对不起老师，不该让老师难过。待陈灵止哭后，老师对她说了一番掏心窝子的话，劝她不要轻言放弃，好好念书，好好练舞，来日方长呢。

第二天，陈灵照常去学校了，学校一切如常。只是为数不多的同学遇见她时，脸上有点沉重，那份沉重抚慰着她的心灵，尽管是无济于事的。相比下来，多数同学对她是漠然的。好像他们早就预料有这么个结果，好像他们从没有对她有过近乎狂热的赞赏和希望。从整体看来，她的失落没有影响周围的气氛，其实，她从来就没有影响过这里的气氛。

孙芸对陈灵幸灾乐祸，一路狂奔时，不幸摔伤了右膝盖，疗伤两周后再遇陈灵，心平气和多了。她咬着笔杆时不时用复杂的眼神瞄一眼陈灵，而陈灵依然扭过脸去冲她友好地点点头，好像什么也没发生过一样。这让孙芸显得不自在起来，她低着头，有点脸红。不过，很快就过去了。

陈灵咬紧牙关坚持天天上学，她觉得，只能前进不能后退，只要退下来，就永远也站不起来了，所以，她如同往常一样不知疲倦地用功读书。好在公社里的小学生文艺汇演很快过去了，她仍然是学校堂堂正正的学生，好像她自己已反败为胜了。毕竟她的语文算术成绩很冒尖。毕竟她的陆老师在学校的各类文艺活动中流露出对她的器重。她的绘画特长也在学校的报头上崭露头角。孙芸和校内好些女同学还时常找她学跳舞，让她有了一种被需要的感觉。就在她苦苦坚持的过程中，那份曾经的失落渐渐从她心中逝去，上学的快乐又重新围绕在她身边。她的心情一日好似一日，甚至，有时会忘却自己的缺陷，觉得自己同其他孩子没什么两样了。

她万万没想到，在同学看来，特别是在孙芸眼里，无论她的才貌多么出众，总归是个残疾孩子，总归矮人一截，自己可以随时对她发号施令，让她往东，她绝不敢往西。

有一天课外活动后，好几个慕名而来的女同学跟陈灵学跳舞，孙芸也在其中。她们正跳到兴头上，陈灵突然不想跳了。她比画着告诉孙芸，想去复习算术，明天要单元测试了。

你这人怎么这样？孙芸顿时火冒三丈，但她碍着其他同学的面，把几句更为尖酸刻薄的话硬是咽了下去，继而略为平淡地说，算了，算了，不跳就不跳吧，反正我也累了。这样吧，我们找个地方聊会儿。我们虽是同桌，可还没有正儿八经聊过天呢。

陈灵踌躇片刻，见孙芸黑着脸，便无奈地点点头。她只得晚上复习算术，熬个夜。

她们来到操场东南角的沙坑，在相对干净的坑边坐下开始聊

心语

天。孙芸问话,陈灵则用一根枯树枝在沙子上写字作答。那时,孙芸怀着莫名的快感,想看看同桌的窘样。孙芸故意挑起那些辛酸的话题,然后,装模作样地细看陈灵的回答。孙芸是个不怀好意的观众,得意地观看着陈灵表演不幸。

陈灵在沙子上写得很累,往往是写完几行,就需要把写满字的黄沙抹平继续书写,可她想尽力介绍和解释自己,好让孙芸对自己有个完整的好看法。

小时候的陈灵聪明伶俐又能说会道,因而,父母给她起名"灵"。

谁料,在她四岁时,一次可怕的高烧竟让这个天使般的女孩意外地丧失了语言功能。不久,她又遭遇了父亲病故。转眼到了上学的年龄,校长因陈灵不会说话而将她拒之门外。一心想上学的陈灵,只能每天背着草筐,到离家一里开外的小学窗口偷听老师讲课,晚上跟着姐姐和哥哥认字、算数。

这样的日子持续到有一年国庆节,陈灵的母亲为孩子们找了个继父。好心的继父想让天资聪颖又勤奋好学的陈灵受到良好的教育,往校长家里跑了又跑,最后,校长终于破例接收了十二岁的陈灵上小学一年级。陈灵读书之后成绩出色,因此,间隔跳了两级。这样一来,比孙芸大三岁的陈灵才成了她的同桌。

在叙写不幸身世的细节时,陈灵的脸不停地抽动、扭曲,晶莹的泪水在眼眶里晃动,然而,她始终咬着嘴唇,没让一滴眼泪掉下来。生活是人生最好的老师,陈灵习惯于在艰难困苦中与命运抗争。陈灵顽强的学习毅力,来自父母的希望和自己美好的理想。

孙芸不为所动，她的情感始终游离在陈灵的故事之外，甚至，听到某些细节忍不住暗自发笑。她故意用一些感叹词或轻轻点头之类的动作，假装做出对陈灵的故事蛮感兴趣的样子。对于像孙芸这样没有经历过不幸的人，她把他人的不幸看成笑料也在情理之中。孙芸的家境很好，父亲是供销社主任，母亲当会计，哥哥也有一份体面的工作，所以，过惯了好日子的她，不太可能会与陈灵产生共鸣的。

陈灵写了很多很多，写完之后，她长长地吁了口气，然后，对孙芸抱歉地笑笑，因为，她向同桌诉说了她的不幸和痛苦，使自己心里着实放松了许多。此后，她俩的关系似乎有了一些变化。

有一天上午最后一堂课，天空忽然下起了瓢泼大雨。下课了，带雨伞的同学飞也似的冲出教室，陈灵和孙芸都没带雨伞，陈灵猫在那里看书等雨停，而孙芸则站在教室门口等候家人。

没过多久，一个湿漉漉的脑袋探了进来，陈灵是这个班的吗？还未等陈灵反应过来，她继父已在低声和气地问孙芸。

见孙芸一脸狐疑，继父赶忙不迭地解释，说，我是陈灵的父亲，来给她送午饭。继父好像炫耀似的扬了扬手里鼓鼓的青布袋，陈灵迅速跑上前去接过来，同时把孙芸介绍给继父。

陈灵捡了个粉笔头在黑板的一角写道：爹，这是我的朋友孙芸。然后，又转过脸来，用手指了指孙芸。

陈灵的继父满脸堆笑地对孙芸说，噢，你就是孙芸。灵灵每天都要提到你呀。来，吃只蒸山芋吧。继父从陈灵手里的青布袋里抓了一只香喷喷的山芋塞给孙芸。

孙芸一脸尴尬，慌忙说，不要，留着给陈灵吃午饭吧。

陈灵急了，又在黑板上草草地写道，别客气，我够吃了。

对，灵灵够吃了，你尝尝吧，黄心山芋，刚出锅的。陈灵的继父热情地说，他对孙芸又补充了一个虔诚的笑。

孙芸实在推辞不掉，只得把山芋捏在手里打算另作处理。

陈灵的继父喘了口气，便急着要回去。

孙芸说，老伯伯，雨大路滑，你慢慢走。她特意加重了"老伯伯"这几个字的语气。

陈灵继父不明白她为何要加重语气，只是满脸谦恭地说了声道谢的话便转身走了。陈灵听后，却心花怒放，一向不苟言笑的她顿时满脸洋溢着灿烂的笑容。

爹，我送送你。陈灵用眼神示意，然后，欢快地跑过去，和继父并肩走在教室外那条长长的走廊里。

孙芸看着他们一老一少的背影，微笑着摇了摇头，她想：这个陈灵好奇怪，我怎么就成了她的朋友了呢。她每天对她继父说我什么呢？我们平时交往得并不多，那次跳舞事件开始，尽管我们的接触比以往多了些，可都是我忙着给她找碴子。我不能忍受她想出人头地的表演，因而，故意找些堂而皇之的理由（比如收交作业本啊，学雷锋活动啊），去干扰她正常的排练。以后，又费心打探她的不幸，并以此获得莫名的快感。我没有为她做过任何一件事情，哪怕一丁点儿的帮助也没有，有的只是，使自己难堪的回忆，那种回忆，使我无法面对她纯洁友善的目光。而她现在，居然还把我视为知己朋友，可笑！可笑！

不知为什么，拿着陈灵父亲送给自己的蒸山芋，孙芸心里热乎起来，本想背地里把它扔进垃圾桶，哪知，此时她居然不由自主地啃了起来。她一小口一小口地品味，舒缓地咽入喉咙，浓浓的甜味满溢整个口腔。

或许此前，孙芸在陈灵的天平上始终很重要，而陈灵从来就在孙芸的天平之外，可是现在，这种不平等的关系在渐渐改变，这一点，可以从孙芸对陈灵态度的转变看出来。

那天早自习课上，学习委员孙芸拿着语文书走到讲台上，她要给同学们默写生词。

教室里渐渐安静下来，大家习惯性地把语文书放在课桌的右上角。孙芸报出一个词语，略作停顿，待大家写好再报出另一个。当报到成语"含辛茹苦"时，孙芸听到好多同学在叽里咕噜："茹"字怎么写啊？这其中夹杂着唐小虎怪里怪气的声音。

孙芸不禁抬起头来，见唐小虎使劲地高高举起右手，嘴巴里咿呀咿呀地乱叫一气。

谁不知道唐小虎是全校有名的捣蛋鬼，为了讨好漂亮的婷婷，他总爱有事没事和婷婷逗乐，甚至不分场合地扮个鬼脸，或学个怪叫什么的。孙芸因此曾骂过他好几回。现在，唐小虎正厚着脸皮学着陈灵的样子怪叫着，这下，把婷婷逗得乐不可支。

孙芸怒不可遏，厉声吼道，唐小虎，不许胡来！不许你胡来！

唐小虎嬉皮笑脸地说，我举手请教问题有什么错啊？请指教！

孙芸重重地拍了一下讲台，说，你含沙射影嘲笑陈灵，不觉得可耻吗?

哈哈哈!天底下不会说人话的人多得是,你凭什么说我嘲笑陈灵呢?咿呀咿咿呀呀,咿呀咿呀哟!

孙芸气得直跺脚,大声喊道,你,你给我闭嘴!

同学们也纷纷站出来,七嘴八舌地谴责唐小虎,而唐小虎依然如故地表演着。这时,教室里一片嘈杂。谁也没有注意到班长已搬来了救兵——班主任,班主任刚踏进教室,唐小虎就恶人先告状,他急忙指着孙芸说,老师,孙芸骂人!孙芸骂人!

班主任问明事情原由后,当场狠狠地批评了唐小虎,并责令他公开向陈灵赔礼道歉。

唐小虎只得当众做了一次自我批评。

然后,继续有序地上课。

下课后,教室内外几乎炸开了锅。早自习事件成了热点话题,孙芸"拔刀相助"受到共同的赞誉,唐小虎的"可耻行为"遭到一致的谴责,陈灵自然成了焦点人物。

陈灵因此心里总是七上八下的,她觉得,如果孙芸与她不是好朋友,就肯定不会为她打抱不平。孙芸替她狠狠教训了唐小虎,她就更有理由感激孙芸。

孙芸在课间反常地坐着看书,两只脚尖有节奏地敲打着水泥地。

陈灵不时地侧过脸来,感激地看一眼孙芸,心里酸酸的,却一点也没有觉察,孙芸正沉浸在再次打击了唐小虎的畅快之中。但和以往不同的是,这次孙芸自始至终想到的是陈灵,只不过还有点遗憾,那就是对唐小虎由来已久的怨愤,抒发得还不是那么淋漓尽致。

谁也不知道唐小虎何时悄悄走开了，他在教室不远处的一棵大树下孤零零地站着，同学们对他的冷落令他心里很不痛快。他本想表演个滑稽的小节目，逗婷婷乐一乐，没想到反而让自己出尽了洋相。他怎么也没想到，孙芸这个黄毛丫头居然如此泼辣，要不是她，他的同学绝对不敢对他如此不恭不敬。唐小虎把这笔账都算在孙芸头上，决定逮个机会给她点颜色看看。

一次体育课分组活动时，孙芸因不小心扭伤了脚踝提前回了教室，唐小虎见了，赶忙到食堂后的菜园子里捉了条大青虫，悄悄溜了进来，强迫孙芸保证不再多管闲事，否则，就把那条青虫放在她身上。孙芸被唐小虎右掌心里蠕动着的大青虫吓得惊叫起来。谁都知道，天不怕地不怕的孙芸，就怕这些肉嘟嘟的虫子。

这情景，正好被赶来看望孙芸的陈灵看到了，她二话不说便使劲推门，可教室门被插销插住了，她拼命敲门，把手都敲疼了，唐小虎就是不开门。陈灵又慌忙绕到孙芸座位旁的窗前，一边用力敲，一边咿咿呀呀地大叫大喊，可唐小虎依然当作耳边风。陈灵敲得太用力了，窗玻璃叭的一声落到地上摔得粉碎。

唐小虎见闯了祸，又畏惧陈灵特殊的声音会惊动其他同学，赶紧开门溜之大吉。

孙芸得救了，可玻璃却被打碎了，必须赔给学校。陈灵摸了摸口袋，口袋里空空如也，她急中生智跑到小街上，断然卖掉了一头乌黑亮丽的长发，用卖头发的钱，配齐了损坏的窗玻璃。

从此，陈灵令人羡慕的大独辫，变成了齐耳短发，这不伦不类的发型还招来了同学们的嘲笑。然而，孙芸却笑不出来，因为，她明白，陈灵所做的这一切，都是为了帮助她，感激之余，她还有几分内疚呢。

小学生活的最后一个学期，就这样迅速滑过去。毕业考试也一晃而过。在学校大门口的布告栏上，张贴着一张醒目的大布告，上面是被西桥中学录取的名单，孙芸惊奇地发现陈灵的名字高居榜首，而她却略微靠后。这时，她奇怪地掠过一个念头：陈灵依然是我的同桌！

小芸，天不早啦，睡吧。母亲的催促声唤醒了孙芸。她快快地答应了一声，脸上浮现出一丝苦笑。

孙芸从未认真剖析过自己，自己或许在陈灵心里很重要，可陈灵在自己心里却是微不足道的。这是极为不平等的友谊。

自身的缺陷以及苦难的经历把陈灵造成了能干人，她过早地开始认识和积累了人生的经验。

起风了，不胜悲凉的晚风！一阵风来了，把那窗帘没头没脑地包住了孙芸的脸，包得她透不过气来，风去了，又把窗帘吸回去了，不能让风再来了，她迅速伸手关闭了窗户。

孙芸透过玻璃，再次仰望繁星时，一种强烈的意识突然苏醒了。

此刻，陈灵在哭吗？为明天将远离她心爱的学校？满天闪烁的星空下，她也许蜷缩成一团，抱着膝盖，默然流泪。想象中那种空旷、悲凉和无助的感觉，一刹那席卷了孙芸的脑海，眼泪不由扑簌簌地滚落下来。

陈灵，别哭！我舍不得你离开学校。你还记得吗？我对你说过，我会帮你的。明天，我明天去恳求爸爸，让他负担你上初中的全部费用，就算我多了个姐姐。不，现在，我现在就要去找爸爸。

孙芸朝里屋正在打毛衣的母亲喊了句，妈，我有事找爸爸。孙芸的家离供销社只有两百多米。孙芸没等母亲回话，就一溜烟冲进了无边的夜色中。

弯弯的月儿，璀璨的星空，哗啦的晚风。

奔跑在古老的石板小街上，孙芸那宽大的外套向后鼓起，好像一面饱满的帆。

心恋

这天放学，王雨欣背起书包，踩着朗朗的铃声，快步走向排球场，那里将有一场精彩的师生排球对抗赛，她要一睹夏老师的风采，这大概是高中生涯中难得的机会了。

时间早了些，她四顾无人，便停了下来，靠在赛场不远处的一棵大树背面，迅速从书包里掏出数学回家作业本，急吼吼地翻到末页："你太棒了！继续加油噢！"——好看的自由体洋洋洒洒向四周伸出触角，撩动着她的心。这是她的数学老师夏奇为她写的批语。

记不清夏老师曾给她写下多少次批语了，反正只要数学回家作业本到了末页，他就会给她写批语。

是什么时候的事呢？确切的日期王雨欣已记不起来。只记得是升入高中后一个少见的清朗早晨，来了一位年轻的数学老师，身高竟达一米八。他拿着讲义夹款款走进教室，在他们面前一站。哇！竟像座点了灯的高塔。他并不甚大的眼睛里射出炯炯目光，朝一教室青青涩涩的新面孔一扫，教室里顿时鸦雀无声。王雨欣和那帮女同学们微红着脸在心中暗自叹道：好帅啊，简直就是男神！然后，她们不眨眼地凝视着他，全神贯注听着他的每个字。男生们也非常喜欢听他的课，因为，在校园里，很难找到像他这样讲解题目言简意赅、逻辑性极强的数学老师。快下课的时候，夏老师从讲台上拿起一叠摸底测试卷，问："谁是王雨欣？"

"是——是我。"王雨欣怯生生地站起来，结巴着说。

夏老师疑惑地走过来，把最上面的试卷给她看："这是你的试卷吗？"

王雨欣惶恐地瞟一眼那试卷，鲜红的"52"一下子蹦进她的眼帘。她的脸倏地红了。

"你怎么考成这样呢？你看看，犯的都是低级错误呀，不是公式套错，就是符号搬错，甚至还漏做了两道三分题，以后，仔细些。"夏老师虽然遗憾，但语气仍然温和，大概是考虑到对方是个女生，又是在公开场合。

这次试卷上的分数是全班倒数第一，王雨欣自然很难受。但夏老师居然没有批评她，她就感到特别对不起他。还有，夏老师似乎认为自己的成绩不该如此糟糕，这无疑给她带来一丝安慰。但接下来的两次单元测验，成绩还是没有多少起色，尽管她也做过不少努力。带给她的难受一次比一次强烈，因为男神依然没有批评她。

可王雨欣并没有把她的难受挂在脸上，乍一看，她还是那副漫不经心的样子。王雨欣是个蹦蹦跳跳不知疲倦的女孩子。她喜欢各类体育活动，不大爱坐下来看书，总成绩在中下游晃啊晃的，其中数学成绩最差劲。尽管意外出现了男神，她上数学课不再开小差，作业也用心多了，可一时半会也难见成效。直到男神为她写下那条批语后，奇迹就在她身上发生了！

那是高一上学期期中考试后，有一次，她翻到数学回家作业

心语

本末页时，有一句批语特别扎眼：世上无难事，只怕有心人！她瞪大眼睛盯着这句人人皆知的警句，看了又看，呼吸渐渐急促起来。虽然，这时是自习课，同学们都在看书写作业，但她还是慌里慌张地四下看了一眼，在确认没人注意她时，才安心打量作业本。

批语是夏老师写的，为什么为她写批语呢？数学老师历来只批对错，不写批语。她弄不明白，因为这实在是她无法想象的事。王雨欣知道，她没有出色的学习成绩，数学还特别差劲；她貌不出众，只是个子高点，在出操、上体育课，总站在引不起别人注意的队伍后面；她身上没有一件像样的衣服。男生的目光落不到她身上，女生也不把她当回事，连她自己都看不起自己，有时，看到同学们在一起聊天，她总是知趣地站在旁边，充当听客。那么，夏老师为什么偏偏写批语给她呢？她的身上有什么东西，值得男神这么做呢？

但无论如何，王雨欣已认定，批语是男神特意为她写的。反正，她对男神也是一直崇拜的。自从夏奇出现后，她就不自觉地追随着他。每天，在课堂里见到他不算，课后，还故意路过教师办公室，左顾右盼寻找夏老师，时常人没寻着，别的老师却抽空望她一眼，吓得她慌忙朝球场跑去。因为她知道，这个时段，酷爱排球的夏老师，不是在办公室，就是在球场。凡有夏老师参赛，王雨欣几乎一次不落。

那么，王雨欣对男神那点崇拜的态度，算不算一条优点呢？是不是夏老师感觉到了这个，才对她产生好感呢？很有可能！王雨欣得出这样的结论。接下来的问题是，要不要在批语后添字加句呢？可作业本用完后归自己保管，就是写了，夏老师也看不到呀。她被各种问题纠缠着。突然，被同桌顾小芳的手肘碰了一下，她吓了一跳，慌忙合上作业本，定了定神，问："有事吗？"

"没事，不小心碰到了你。"顾小芳抱歉地说。

王雨欣虚惊一场，喘口气，再次翻开作业本，她用手轻轻地在批语上来回抚摸，似乎感觉到每一个字在微微跃动，同时，散发出一股温暖和力量。

当天放学后，王雨欣把有批语的作业本珍藏好，晚上，她久久不能入睡，她实在太激动了，太惊奇了。

第二天上学，对王雨欣而言，已经有了崭新的意义。可对夏老师来说，一切依然如故。夏老师还是夏老师，他对王雨欣的说话语气、笑容包括眼神还是那种师生式的，似乎不曾发生批语那回事。但王雨欣觉得夏老师是在心里留意着她，在关注着她，在鼓励着她，特别是在做数学练习题时，那条批语会幻化成一双亮亮的眼睛注视着她，给她力量、给她智慧。她总觉得，不能辜负了那双殷切期待的眼睛。

王雨欣着实没有辜负那双眼睛。高一期末考试，她的总分跃居班级中游，特别是数学，居然提升了二十来名。班里的同学也因此对她刮目相看。不过，她并不满意，她认为这仍然不是很理想的成绩。不久，王雨欣再次收获了夏老师热情洋溢的批语："好样的！我相信你！"她更是感动不已。

夏老师一次又一次的批语，使王雨欣脸上绽放出自信的微笑，她的学习兴趣愈发浓烈，常常坐在教室里用心看书写作业，学习成绩也不断攀升。特别是数学成绩，有了一次又一次历史性的突破。到了高二下半学期期末考试,她的总成绩名列班里第五,数学单科成绩为第三。当夏老师宣布到她的成绩时,教室里一片哗然。从此,以前冷落她的同学有事没事围着她转。或许,有的想让她在老师面前说几句好话,有的想向她讨教点学习诀窍……谁知道呢?

有一次,顾小芳悄悄地问她:"喂,你学习进步得那么快,是不是有什么秘诀呀?"

王雨欣侧过脸来看着顾小芳,思考着如何作答。

"我们是好朋友,说说还不行?"

"哦,你听好了,"见顾小芳一脸诚恳,不像调侃,王雨欣就一本正经地说,"书山有路勤为径,学海无涯苦作舟。"

"切!这大道理谁不懂?明摆着不肯告诉我。"顾小芳撇撇嘴,生气地把头扭向一边。

天机当然不可泄露啦,再说,自己说得也没错啊,王雨欣想。受到同学们如此尊重的王雨欣,愈发热爱和崇拜她的男神了,而男神也一如既往地关爱她,帮助她。

高三开学后的一次自习课上,夏老师走进教室,无声地兜着圈子,经过王雨欣身边时,停了下来,因为他发现王雨欣正咬着铅笔头,苦思冥想。夏老师弯下腰,低声地提点她。她顿时开了窍,流畅地做着几何题。未等王雨欣做完,他说:"课后,你来一下办公室。"然后,转身走了。

王雨欣看着夏老师的背影,快活极了。夏老师不但暗地里写批语鼓励她,居然还当众教她解题,她兴奋得脸都涨红了。下课后,王雨欣急不可耐地站起身来。

周健关切地说:"不会有什么事吧?"细高个儿的周健是班里的学习委员,写得一手好字,还会把别人的字体模仿得惟妙惟肖,几乎能以假乱真。他一向对王雨欣很关心。

"没事!"王雨欣激动地回答。夏老师接任了他们的班主任,找学生个别谈话,是再正常不过的事了。

办公室里只有夏老师一个人。

"王雨欣,你对将来有什么打算吗?"夏老师说。

王雨欣一脸茫然:"以后嘛,没想过……"

"怎么?跟我也保密?"夏老师和颜悦色地说,"你各科成绩都很好,尤其是数学进步挺快的么,上学期期末考试的附加题也做对了,我真为你高兴。"

王雨欣觉得夏老师对自己了如指掌,连做对了一道附加题也记得,顿时不知如何回答是好。

"不过么,按目前有关政策,高中毕业后起码要经过两年的劳动实践,才符合上大学的条件。你的成绩虽好,但到时能否被推荐上大学还是个未知数。为什么要放弃这次直接上体校的机会呢?"夏老师收起笑容,把手里的表格递给王雨欣——那是省城一所青少年体校来校招生的个人申请表。王雨欣体育成绩冒尖,各方面都符合体校招生条件,只要填好申请表就算录取了。可体育老师找了她好几次,她都不愿意填表。

噢!原来因为这事啊。她长长地松了口气。

为什么要放弃上体校呢?这问题太好回答了。因为,王雨欣想继续留在夏老师班里。当然,这是她心中小小的秘密,不能对夏老师直说。

夏老师见她沉默不语，便直截了当地说："你还是回去听听父母意见吧。上体校能让你有个城市户口，这对于像你这样的农村家庭，是个好机会。再说，你的运动天赋好，学习起来也会轻松的。"

王雨欣爽快地说："不用听了，我就这么定了。"

"为什么呢？"夏老师有点意外。

"因为，我想留在这个班里继续读书。"王雨欣还是忍不住说了。她把头埋得很低，声音也压得很轻。夏老师无奈地摇着头，长长地叹了口气。

回到家里，王雨欣的心狂跳不已，她想象着刚才同夏老师交流时的样子，不知道自己那时候的模样好不好看。她回想自己当时的头发是不是有点蓬乱，衣服是否扯平，语言是否得当，站立的姿势……她几乎翻遍了脑海里的记忆。

有一个星期天，王雨欣关上房门，悉数搬出有批语的数学作业本，统统翻到末页，按时间顺序，排列在小木桌上，然后，仔细看着一条条批语，仿佛要将薄薄的纸张看穿似的。

这些作业本，每次的批语内容都不一样，但热情的鼓励和殷切的期待都是一样的。她把它们珍藏在阁楼深处的纸板箱里，时不时拿出来欣赏一番。

这时，门外传来妈妈的喊声："欣儿，静静来了。"

王雨欣还没来得及收拾本子，静静已开门进来："你又在用功啊？"静静是比她大八岁的堂姐，是大队团支部书记。

"做数学题，烦死了。"王雨欣佯装伸个懒腰，准备收拾作业本，哪知，那些批语已跳进静静眼里。

"那个夏奇打了分数还写批语？"静静很是惊讶。

王雨欣嗯嗯了两声，想要敷衍过去。

静静看着她，若有所思地说："数学老师也有如此闲情给女孩子写批语啊？"未等王雨欣回答，静静话锋一转，"你倒是个有心人，把这些本子保管得那么好，莫非你喜欢上他了？"

"这怎么可能呢？我只不过整理一下旧物，打算明天把它们和其他废品一起卖掉，换几个钱呢。"王雨欣平静地撒着谎。

"你也真奇怪，夏奇很有吸引力的呀，没有哪个女孩能抵挡他的魅力。"静静说。

"你怎么知道？"王雨欣很好奇。

"傻瓜，他是你校团总支书记。公社团委开会时，我经常见到他，去年年终总结大会上，他还做了精彩的团工作经验介绍呢。"静静笑着说，语气里饱含了深情。

"噢、噢。"王雨欣装作并不在意的样子转过身去。面对堂姐，她无法保持平静的心态。

第二天下午放学前，王雨欣又收获期盼已久的夏老师的批语，只是未及欣赏，放学铃声就响了，接下来刚好有球赛，她只得到赛场先看夏老师打球，然后再看批语。

幸好，比赛还没开始。

现在，王雨欣就站在那棵大树下，兴奋地看着批语。

看着看着，王雨欣不由从书包里摸出一支带着橡皮头的铅笔。不知为什么，这时，她突然有了在批语后写字的冲动。她想，只要在作业本末页粘贴几张空白纸，不就可以沿用了吗？她暗暗佩服自己这充满智慧的想法。但写什么呢？她想起因为夏老师不断的鼓励，才有了她值得骄傲的今天，应该对他表示谢意才对。于是，她就在他龙飞凤舞的批语后写道：谢谢您对我的关爱。"爱"字还未写下最后一个部首"友"，她就听到了一阵急促的脚步声，直冲她来的，她抬头一看，是顾小芳。

顾小芳喘着粗气跑过来，说："哎，我满世界找你啊！"她缓了口气，又说，"你知道，男生校队是很棒的，我们得为夏老师他们加油啊。"

"好！好！"王雨欣慌乱答道。

顾小芳好像察觉了她的慌乱，诧异地问："咦？你一个人躲在这里干吗？"

"等着看比赛呀！"

"那还愣着干什么？"说着，顾小芳一把拉起王雨欣的手往赛场跑。

王雨欣边跑边把作业本塞进书包，而夹在本子里的铅笔却掉了下来，缓缓地滚到了操场的一边。

"快去看夏老师比赛啊！"班里一位女同学说完，没等王雨欣她们有所反应，便急急地跑了，别的同学也从各个教室络绎不绝地朝赛场跑去。

王雨欣和顾小芳快速跑到赛场边。在紧靠校门口的一片并不宽绰的球场上，刺眼的白线四周已挤满了人。她俩只得找来几块碎砖垫在脚下，再把脖子伸长了，目光掠过挨挨挤挤的头颅，总算能看清赛场上的动静。

裁判员站在网侧中央的高处，口含金属哨子，一脸严肃地用双手示意大家安静下来。随着哨子一声锐响，夏老师稳稳地发了个上手飘球,球刚飘过网,"好球好球"的喝彩声已响起,且一浪高过一浪。穿着一号红色运动衣的夏奇,看上去很是矫健敏捷。

王雨欣不眨眼地盯着夏老师的每个动作,陶醉在他精湛的球艺里。突然,背后一堆人涌过来,冷不丁把王雨欣朝前一撞,她便从碎砖上滑下来,着地时,脚崴了一下,疼痛得直不起腰来。顾小芳见状,不知如何是好,幸亏,站在一旁看比赛的周健当机立断,同顾小芳等同学一起把王雨欣送到学校斜对面的医院。还好,王雨欣伤得并不严重,只是扭伤了肌腱。

在家休息两周后,王雨欣一拐一拐地出现在教室里。刚坐下,她就从课桌里拿出在球场边滚落的铅笔和不知什么时候遗失的数学家庭作业本,能看出已损坏的作业本封面上有粘贴的痕迹,显然是个细心人做的好事。她赶忙将作业本翻到末页,看到了夏老师的批语和自己那天站在大树下写的字。她真的不敢相信自己的眼睛,自己未写完的"爱",竟然补上了一个"友",还在后面续写了三个字"不用谢!"那笔迹比自己的粗且有力,与之前批语上的一模一样,她不用多想就知道是夏老师写的。她呆呆地看着夏老师补写的字迹,想象着他是如何捡到她的作业本和铅笔的,又是如何把踩坏的封面黏合起来的。

还有两周就要高中毕业考试了,王雨欣因拖下那么多课程,心里忐忑不安,于是,就在当天下午自习课上,拿着数学书和一些资料走进教师办公室。一路上,她特意整理一下头发,还扯平衣角。她悄悄朝里张望,看到夏老师在批作业。夏老师的坐姿很好看,一副专心致志的样子。王雨欣屏住呼吸,按捺住剧烈的心跳,鼓足勇气走进去,她想请夏老师为自己补课。

心语

"夏老师。"她轻轻地唤了一声。

夏老师抬起头来,答应着。

面对夏老师温和的目光,王雨欣有点猝不及防,情不自禁地低下头去。

"你的脚伤好点了吗?"夏老师注视着她,关切地问。

"好多了,只是走路时还有点疼。"王雨欣声音有些颤抖,不敢抬眼触及夏老师的目光。

"那你可以再休息几天,反正我也不再上新课,只是帮助大家温习学过的内容。"

"没事了!我在家做了些习题,有几道难题想请教您。"

"那好吧。"夏老师放下手中的蘸水笔,又拉过一张方凳,放在自己身边,示意她坐下。

王雨欣瞟他一眼,小心地坐下,并稍稍调整一下坐姿。她问了好几道代数题,夏老师耐心地解答了一番,又替她把知识点和难题梳理一遍,并告诉她一些考试须知,特别提醒她别再犯那些低级错误。随后,夏老师长吁一口气说道,"你们还小,毕业后踏上社会,然后,就是多彩的人生了。"夏老师端起茶杯喝一口水,又说,"现在,高中生是香饽饽,你们会大有作为的。"

王雨欣没想到夏老师会说出这番话,她勉强地笑了笑,说:"像老师这样才好呢。"

"我嘛,这辈子就当个教书匠了,送走一批,又迎来一批,就这样在反复循环中过日子。不过,和你们在一起还是很开心的,尤其是看到你们的进步,我打心眼里高兴。"

"以后,我想上师范,毕业后也做老师,或者,当个民办教师也好。"王雨欣依然低着头,不好意思地吐出这句话。

夏老师以为她是在开玩笑:"那好啊。不过,你成绩好又能干,有不错的前途在等你。到时你就不想当老师了。"

"不,不,我还是想来当老师的,和你们一起教书,一起分享桃李满天下的快乐。"王雨欣说到这里停顿下来,在心里默默地接着说,"我要和你在一所学校里教书,这样依然每天能看到你。"

夏老师脸上掠过一丝笑容,没说话。

末了,王雨欣说:"谢谢您经常在我的回家作业本上写批语,我真的很感动。"

"作业本上写什么批语了?"夏老师随便问了问,转过脸去批作业了。

王雨欣抬头直直地看着他,过了一会儿,也没再听到他说什么。

夏老师心里一定明白,但他当着自己的面不好意思承认,她想。她怕他尴尬,说了声"谢谢夏老师",便起身走了。

夏老师终于转过脸来,低沉而温和地说:"加油啊,祝你毕业考试取得好成绩!"

毕业典礼结束的那天下午,王雨欣想与男神当面道别,这是最后一次机会了。在办公室门口,王雨欣站定了,她看到窄窄的走道里,有不少同学从窗口朝里张望,里边一间不很大的教师办公室里,人头攒动,他们都是来向各自的老师道别的。

王雨欣的目光飘过人群,看到夏老师周围已密密麻麻站满了同学。同学们的手里分别拿着各式各样的簿子,争先恐后地请夏老师为自己留言。王雨欣一见到夏老师,心就狂跳起来,可她没再犹豫,很快挤到他身旁,打算待同学离去以后,再同他说话。

心语

可等了很久，衣裳也湿透了，还不见同学们有离开的意思。于是，她瞅准现场略显安静的机会，张大了嘴巴想说一声："夏老师，再见。"可话到嘴边，又咽了下去，她害怕被同学笑话。

夏老师似乎意识到了什么，抬起头来冲她微微一笑，嘴唇翕动了几下，但周围那些讨厌的女同学叽叽喳喳地如麻雀声起，顿时淹没了他的声音。

王雨欣不记得自己是怎样走出办公室的，她丧魂落魄地朝校门口走去，经过那片静静躺在明媚阳光里的排球场时，眼泪不由自主地流淌下来。

转眼九年过去了，王雨欣从高中毕业后就再也没有回过学校，突然接到来自母校的电话，有些意外，也有点惊喜。对方说是学校的老师。

"啊，是顾小芳吗？"王雨欣听那声音非常熟悉。

"是啊，想不到你还能听出我的声音来。"顾小芳很高兴。

高中毕业两年多后，国家恢复了高考制度，王雨欣一下考入名牌大学，毕业后分配在省城一家报社当记者，几年来工作表现出色，并先后获得了省市和国家级别的多个奖项。这么多年来，同学们都忙忙碌碌，彼此间很少有联系，这次学校校庆，校领导想请往届生回校欢聚。已在学校当上民办教师的顾小芳自然当了班里的联络员。

离校庆还有两三天，王雨欣利用外出采访的机会，回母校看望同桌顾小芳。

顾小芳见到王雨欣心里乐开了花，她告诉王雨欣说："校庆典礼安排在三天后的上午，在学校礼堂举行，到时想请你代表往届生发个言，上午，就和你聊聊发言的内容，下午课后，我们一起叙叙旧，好吗？"

王雨欣笑了笑，说："客随主便么，听你的。"

"还有，"顾小芳表情复杂地说，"午后有个人想和你见个面。"

这句话击中了王雨欣的心思：会是谁呢？肯定是夏老师！王雨欣果断地得出这个结论。"好啊。"她捋了捋头发，努力平复自己激动的情绪。

"他说，在排球场不远处那棵大树下等你。中午，我陪你在学校附近随便吃点。饭后，你就慢慢走过去。"

唉，这个顾小芳，还算老同学呢，弄得这么神秘兮兮的。王雨欣觉得很好笑。

不知道夏老师现在是什么样子，见面后，他会对我说些什么？他怎么还记得自己曾站立过的那棵树呢？王雨欣一下子想了许多问题。草草地吃过午饭，她就和顾小芳分手，提早来到那棵树下等夏老师。她想远远看看夏老师走过来的模样。

王雨欣刚站稳脚跟，身后就有人喊她的名字。声音有点惊喜，有点迟疑。她转过身去，看着眼前黑黝黝的男青年，觉得非常眼熟。王雨欣皱着眉头，左思右想可就是叫不出对方的名字，她勉强微笑着，脸上却一红一白的，神色不定。

对方似乎察觉了她的尴尬，愣了愣，就说："我是周健啊，不认识了吗？真是贵人多忘事。"

"周健？"她叫了起来，有点喜出望外。眼前这个粗粗壮壮的男子汉,与当年那个像根豆芽菜似的小男生已判若两人。

"你也在这里?"

"我在桥北大队当大队书记,听说你来了,特意赶来看你啊。"周健坦率地说。

王雨欣这才注意到周健的满头大汗,几缕头发也黏附在额头上。

"哎呀,想不到你是我的父母官。"王雨欣高兴地说。王雨欣的老家就在桥北大队的石堂村。

"也谈不上什么官,只是想为家乡父老做点事罢了。"周健有点不好意思,他的目光一直不离王雨欣,王雨欣觉察到了这一点,心想:或许自己和他一样,变化很大吧。

"你这想法好,农村就需要像你这样有才干的人。"王雨欣由衷地说。

"我们一起走走吧。"周健忽然向王雨欣发出邀请。

王雨欣想起夏老师马上会来,有几分犹豫,可周健已挪动了脚步。

走就走一会儿吧,等会再赶过来也来得及,反正夏老师还没来,王雨欣想,毕竟老同学相见也很难得,况且,这个老同学以往对自己是很关心的。

王雨欣与周健隔着尺来远走着。

"夏老师好吗?"王雨欣不经意地问,老同学久别重逢,问起过去的班主任,也纯属正常吧。

"噢!你说的是我们的班主任夏老师吧。很好啊,他的孩子快上一年级了。"周健说。

"孩子？他有孩子了？"王雨欣颇感惊愕。一直以来，她怎么懵懵懂懂的，从没有考虑过他的家庭问题呢？或许，自己没有刻意去想吧。

"你怎么了？"王雨欣的反应令周健有点疑惑，"我们毕业后不久，他就结婚了，爱人是他大学的同班同学。婚后不久，学校就把他爱人调到这里来了。"

"那真该好好祝贺他啊。"王雨欣有点言不由衷，眼睛迷茫地望着远方。

周健看着身边身材高挑、皮肤白皙的王雨欣，觉得她和高中时不太一样了。那个活泼可爱的小姑娘变成了文静娴雅的大姑娘，身上散发出一种别样的知性美，特别是她偶尔流露出的几分纯情依然吸引着他。他心里有点不耐烦，下个月就要结婚了，有些话他必须告诉王雨欣，这样才能彻底抛却前尘往事，轻松地步入婚姻殿堂。

"在中学时，我对你产生了好感。觉得你乐观开朗，学习进步也快，还有两条乱蓬蓬的长辫子很可爱。"

"算了吧，那时我傻乎乎的，哪个会喜欢我呢？"王雨欣笑了笑，努力让自己变得轻松些。

"我今天说的可都是真的，那时我常常喜欢学着你的样子做课间操。你们女生人少，队伍就短，你又总在队伍后面，我们男生人多，队伍拉得长，因而，我常常能在后面看到你。平时我还常爱跟着你看各类比赛。有一次，我见你在那棵树下丢了铅笔头，我就马上捡起来藏好……"

王雨欣忽然拍了下脑袋，喊了起来："我想起来了，那天我一门心思看比赛,被人群挤得摔倒了,是你们送我去的医院。"

"嘿嘿。"周健搔了搔头,有点不好意思地说,"你还记得啊?哈,就是那次。送你去医院后,我就回来拿书包,路过排球场时,无意间见你的数学作业本掉在路边,封面被踩坏了,我就捡回家去,用糨糊把它粘好,又把你没写完的部首补上,还顺着你的意思在后面添了三个字……"他顿了一下,偷眼观察一下王雨欣的表情,才问,"你,你一定看到了吧?"

王雨欣一惊:"可你添上的字迹和夏老师批语的字迹一模一样啊!"

来此之前,周健已经下决心把一切都向她坦白,否则就再也没机会了。他坦然望着她惊讶的样子,用力抿了抿嘴唇,道:"说白了,从前所有的批语都是我写的。那时,我看到你对数学敷衍了事的样子,很是焦急,就煞费脑筋出了个奇招:利用我收发本子的便利,在你数学回家作业本的末页,把想对你说的话,模仿夏老师的笔迹给你写上简短的批语。这样既可以借夏老师的威望,不停地鼓励你,又不至于被老师发现。因为,回家作业本用完后总是归自己保管的。"

王雨欣猛地停住脚步,像听到一段天方夜谭的故事,惊愕不已。她转过脸来,直勾勾地望着周健,简直不敢相信适才听到的是事实。可眼前的周健情真意切的表述,又令她没有怀疑的理由。这时,她终于弄明白了那时候夏老师那句话的含义——当她下决心感谢夏老师总在作业本末页写批语时,夏老师问她"作业本上写什么批语了",原来,夏老师真的不知道她在说什么。

周健扭过脸去不看她,悠然望着远方渐渐飘去的云朵,淡淡地说:"下个月我就要结婚了,我没别的意思,只是想让你知道而已。"末了,他的脸慢慢涨红了,声音也逐渐结巴起来。

周健完全不了解我,王雨欣想。她感到再也没法面对眼前的周健了,就唐突地说了句"再见吧",慌里慌张地转身走了。

周健没再说话,也没追上去,只是,站在原地望着王雨欣离去的背影,怅然若失。

王雨欣在那棵大树下等了好久也不见人影,不禁后悔起来——或许已经错过了夏老师。不知为什么,此时,王雨欣特别想见夏老师,她想当面把事情弄个明白,她甚至有几分期待:夏老师能亲口告诉她,周健所说的一切并不是真的。可她一直等到放学铃声响起,还是不见夏老师的身影。

顾小芳找到王雨欣,两人并肩走在直通校门的林荫道上时,王雨欣问道:"你说的那个要见我的人到底是谁啊?"

"他没来见你吗?"顾小芳奇怪地说,"是老同学周健啊,他听说你来了,非得见你不可。他特意把下午的会议提前到上午开完,一散会,中饭也没吃,就紧赶慢赶地来看你啦,晚上他要乘夜火车出差呢。"

"噢,原来是这样!"王雨欣恍然大悟。一种莫名的情绪压在心头。

顾小芳问:"你见到他了吗?"

王雨欣淡淡地答道:"见到了。"

这时,那片排球场周围正挤满了人,还有一拨一拨涌过来的学生,与王雨欣他们当年一个样。他们和过去的自己差不多大,拥有着欢乐美好的时光,有着不为人知的烦恼和痛苦,也有彼此间纠缠不清的恩恩怨怨，怀揣着一颗自由不羁的心，在规范约束下，做个本分的学生。王雨欣的目光环视着他们，感慨万千。她不自觉地踮起脚，在球场内搜寻，试图看到一个她最想看到的熟悉的身姿。

这么多年来，王雨欣似乎把夏老师藏在记忆深处，一次也没想去学校找他。而现在，看来他一定没有对她留下特别的记忆，或者说，一开始，就没有一丝别样的想法。而她对他的那种心里依恋，只是处在那个懵懂年龄的一种美妙的梦幻而已。王雨欣的目光在球场上逡巡几遍都未找到他的身影，有些失落和忧伤，她终究没有见到她最想见的人。算了，三天后的庆典上，想必一定能见到他。王雨欣自我安慰着。

就在王雨欣即将跨出校门时，突然听到一个女生在喊："夏老师，快点，比赛要开始了！"对方应了一声："知道了。"

王雨欣猛地转过身去，这好听的声音，仿佛带着某种魔力，曾令王雨欣为之魂牵梦绕，她终于在排球场边看见了夏老师，看起来他没有太大的变化，只是，多了几分男子汉味道。他真的还如他当年说的那样，安心地待在学校，培养着一批又一批的学生。而那些女生们，依然像九年前的自己和别的女同学那样，用甜腻腻的眼光看着他，嗲声嗲气地跟她们的夏老师说着话。不少女生一定也把夏老师当作男神，每天沉浸在莫名的感觉里，为了某个目标，努力地学习，快乐地成长。

王雨欣望着夏老师的身影淹没在人堆里，便转过身来拉着顾小芳的手平静地走出校门。

校园里，一场精彩的排球赛又开始了……

永不失落的小雨鞋

孙女长得真快，一转眼就上了小学。如今生活条件好，六个大人围着一个孩子转，争着给她买这买那，似乎惯坏了她。这不，新买的衣服刚穿了几天就嚷着要换，尤其是雨天，她穿着新买的小皮鞋偏偏绕开平地而去蹚水潭，鞋子不到一周就变了形。此状常令自幼节俭惯了的我心头隐隐作痛。于是，这个雨季，我给孙女买了双花哨的小雨鞋，让她下雨天穿。可刚穿了半天，孙女回家就嘟起小嘴，朝我们大发脾气，说同学笑话她"老土"，下午再也不肯穿着它去上学。见此，我教训她几句，她竟气呼呼地把雨鞋一下子扔进了垃圾桶。我责备了几句，她居然一屁股坐在地上，用胖胖的小手捂住脸，"哇哇"掉起了"金豆豆"。其实，她是"光打雷不下雨"，转动着小眼珠子从指缝里偷看着我的表情。我又好气又好笑，扬起的巴掌缓缓落下——我决定换种方式教育她，给她讲讲我第一双雨鞋的故事。

那年，我上小学一年级。从村里到学校有二三里路。这段坑坑洼洼的田埂小路，穿过几块麦田，伸过一条渠道，越过一片桑林，经过一座横跨在小河上的小木桥，蜿蜒地通往学校。孩子们不怕走小路，就怕过小木桥，要是碰上雨雪天就更怕了。因为，小孩穿的大多是自制的油布钉鞋，尖利的鞋钉会扎进疏松的桥板，拔钉时，容易跌倒，不小心还会滚入河中。

这时，要有大人背着就好了。只是，大人们小雨小干，大雨大干，岂有空闲接送孩子？在雨雪天里，村里只有为数不多拥有橡胶雨鞋的小孩，才能结伴上学，绝大多数低年级的小孩只好待在家里等天好。

那时，我没有雨鞋。可雨雪天里，我吵着闹着要上学，因为我是班长，张老师说，班长要做同学的好榜样。

一个初冬的早晨，风雨如晦。我在跟妈妈的吵闹声里，穿起钉鞋，披上雨衣，固执地跟着堂姑阿莲去上学，邻居强强也紧随在后。

阿莲比我大五岁，上五年级，她用自己积攒的纺纱钱买了双大雨鞋穿着。她挽着我的胳膊，一脚高一脚低来到小桥时，我不由惊恐万分！灰蒙蒙的雨帘中，小木桥显得更窄了；铺在桥面上的每条木板，都粘了一层薄薄的泥浆，上头横七竖八刻满了雨鞋印；桥两侧光溜溜的，连个扶手也没有；桥下还翻滚着可怕的水浪呢。

强强绕过我和阿莲，上了木桥。

眼见他穿着小雨鞋晃晃悠悠地过去了，焦急的我置身于哗哗的浪声里，低头瞟一眼脚上的钉鞋，再细看泥浆包裹的一条条破桥板，不由想起妈妈的告诫："木板要咬鞋钉的。"我吓傻了，压根没听见阿莲一声又一声的催促。

快迟到了，阿莲一把拖我上桥。

果然，没走几步，鞋钉就插入木板，我使劲拔钉时，身子一歪，若不是机灵的阿莲扶住，肯定摔倒了。阿莲弯腰替我拔出鞋钉来。

这惊心动魄的场景，重演了两三遍，阿莲不耐烦了，"你，你回家吧！"

我听后羞得转过头去，进也不是，退也不是。或许是要做好榜样的念头，令我计上心头——我赶忙脱下碍手碍脚的钉鞋，把它拎在手里，然后，紧曲着十个脚趾头，下死劲拉住阿莲的手，慢慢挪动，一步，一步……

就这样，我冒着风雨，第一次过了那座小木桥。

阿莲和小强都吁了口气。

我抹了把脸上的水，冲他们嘻嘻笑着。这时，我才感到脚上一阵阵钻心的疼痛，低头一看，脏兮兮的小脚冻得像两个紫萝卜，脚底缓缓地渗出血来。

此刻，我看着依然活蹦乱跳的强强，目光自然盯住他那双沾满泥土的小雨鞋，多么渴望自己也拥有那样的小雨鞋呀！

一次，远在外地工作的父亲来信给我带来喜讯："想买两双雨鞋，小年夜带回。"父亲已经给大姐买过一双雨鞋，大姐上高三住校之后，雨鞋留给了大哥。这次的两双雨鞋该轮到二哥和我这个妹妹了。心中热切向往的同时，我也作了冷静的分析。离小年夜还有三十一天，父亲就将回家——带着我的小雨鞋。为了便于数日子，我找出一只小木碗，又从布袋里数出三十一颗黄豆放进碗里。每天，我都小心翼翼地捡出一颗黄豆放回布袋。终于，木碗空了，父亲要回家了，我捧着盛满希望的小木碗，久久不肯松手。

父亲回家的那天凌晨，我梦见了父亲给我买的小雨鞋。红色的鞋面，亮得能照出人影。我穿着它一路跑到学校，同学们都羡慕我的新雨鞋，同桌蹲下身来抚摸它。忽然，调皮鬼小胖冲了过来，把我推倒在地，抢走我的雨鞋。我光着脚丫，边喊边追——霎时，我啊一声醒过来，浑身冷汗直冒。我拍拍小脑袋，暗里庆幸这是个梦。

暮色已浓，我焦急等待的父亲，终于回来啦！

父亲进门后，将一个褪了色的帆布包放在方凳上，洗了把脸，开始用餐。

我眼巴巴地望着那个鼓鼓的帆布包，热切期盼着小雨鞋能长着翅膀飞出来。

父亲好像猜透了我的心思，草草扒了几口饭就放下碗筷，说在车上已经吃饱。等母亲收拾好桌子，他将帆布包提到桌上，拉开古铜色的拉链，取出一包用油纸包好的糖果袋，揭开封口，仔细挑了几颗糖果塞进我手里。

我机械地接过心爱的大白兔奶糖，眼睛仍瞟着那个帆布包。花生米、咸鱼干、咸肉、味精——父亲逐个取出，解释着它们的来龙去脉——他将单位定量发给他的物品全部带回了家。

帆布包渐渐耷拉下去。

"这是给你的雨鞋，穿不下后再给妹妹。"父亲取出鼓鼓的牛皮纸袋对老三说，又侧过脸温和地看着我说，"老三长得快，过不了多久，他的雨鞋就会给你的。"父亲轮流看着我们的脸，继续说："学习上要向高标准看齐，生活上要用低标准要求。"这话已成了父亲的口头禅，我们早已背得滚瓜烂熟。父亲又取出一副对联，让大哥贴在墙上最显眼的地方。那对联上赫然写着十个大字:"少壮不努力,老大徒悲伤。"接着,父亲照例挨个检查我们的成绩报告单。

我趁父亲询问大姐学习情况时,飞快地抹一下眼泪,悄悄爬上阁楼,躺在床上,用被子捂头,没命哭起来,所有的委屈都从这哭声里往外倾泻。盼望已久的愿望就这么落空,怎能不令我伤心不已呢!

父亲好似发现了什么,不断抬高嗓门,一遍遍喊我去吃花生。我隐隐听到父亲的呼唤声,不好意思再赖床上,便轻轻抹掉眼泪,走下阁楼。

"我的一份给你。"父亲对我说,他的脸上堆着笑容。这时,桌上放了八堆油炸花生米,爷爷、奶奶、父母和我们兄妹四个各一份,历来如此。父亲常把自己的一份让给最小的我吃,这次也不例外,当然,也可以看作是一点温情的补偿,令我感到一丝暖意。

随后,父亲瞪圆眼睛,用手指轻敲桌子,对我们说:"今天给你们讲个故事,题目叫作:融四岁——"

"能让梨。"我们四兄妹齐声接道。父亲每次回家都要讲《三字经》里的孔融让梨的故事,我们听得耳朵都长老茧了。这时,我似乎明白了父亲的用心,因失落而冰冻的心渐渐融化。

又是一个寒冷的雨天早晨,听母亲说,二哥今天不上学了。

"嘿嘿,今天过桥可以不光脚喽!"我顿时喜出望外。

"把二哥的雨鞋借给我穿吧。"我恳求母亲。

"能穿吗?"母亲有点疑惑。

"行!"我想,有总比没有好。母亲了解我的脾气,也没反对。她提过一双亮光闪闪的黑色雨鞋给我试穿。天哪！我的脚尖离鞋头起码有两寸多。

母亲赶忙找来棉花卷成拳头大的毛球，分别塞进两只鞋头，再让我把穿上布鞋的脚直接伸进雨鞋。就这样，我第一次穿上了雨鞋。

从此，我天天等待，天天做梦，直到三年以后，二哥才将穿不下的那双旧雨鞋给了我。雨鞋昔日乌亮的光泽不见了，鞋跟和鞋头上不规则的圆形橡胶微微凸现，那是补鞋的痕迹。

我把它紧紧拥在怀里，暗自庆幸终于拥有了一双属于自己的雨鞋。

从此，我把它视为珍宝，每次穿过后，就用柔软的棉布轻轻擦洗，晾干，再包上牛皮纸，然后放到阁楼深处，以免染上灰尘。

就是这双雨鞋，陪伴我蹚过了无数风风雨雨，直到橡胶开裂老化为止。

想起那一段往事，我依旧感慨不已。如今的我们早已告别了这段物资匮乏的岁月。无数家长像我家一样，加倍疼爱着晚辈，用物质填满了他们的童年，现在细细想来是有失偏颇的。过度的物质享受往往会使孩子们性格中的浮躁虚荣蔓延开来。我不知道今天这个故事能否触动孙女的灵魂，令她有所改变。

孙女小心地唤了我几声，见我陷入了沉思，便默默地站起身来，走到墙角，捡起垃圾桶里的小雨鞋，擦擦干净，套在小脚上，随即，背起小书包，打开小雨伞，独自上学去了。

孙女稚嫩的小脚步，踩出四溅的水花，在雨中渐行渐远，那双承载我童年记忆的小雨鞋显得格外鲜艳夺目。

记忆里的黑牛

从我记事开始,生产队里就养了一头黑牛。因为黑牛长得高大威猛又奇特,因而,我对它心生畏惧,当它从我身边走过,我的心不禁扑扑扑跳个不停,脸失色,唯恐它头一歪,用尖利的牛角挑破我的肚皮。因此,我一向能避则避。直到跟它有过一回"奇遇"后,才改变了我对它的感觉。

那天,我到水站头洗香瓜,刚到河边,从前面传来一声嚎叫,有点声嘶力竭,抬头一看,不远处,正是我们队里的那头黑牛。天气闷热,黑牛一定饥渴难忍,挣脱了绳索,从牛棚里走到这小河边要畅饮一番。谁料小河滩上泥泞不堪。黑牛下河之后,才发现四个蹄子陷入泥潭中,一时拔不出来了,急得它发出哞哞的声声嚎叫。

我转身想找大人救它时,恰巧小伙伴阿丰路过这里。只听阿丰对它骂骂咧咧,叫你甩我!叫你甩我!听阿丰说过,他曾被它的长尾巴甩伤过,疯狂的报复风暴写在他脸上,他抓起一把小石子用劲扔过去,石子在它身上弹跳起来。它紧张得连连嚎叫,并躲避着他的进攻。应该说,它的躲避是不成功的,尽管整个身子扭来扭去,毕竟那么大的身躯摆在那里。阿丰的进攻屡屡得手。

我夹脚跟过去,企图制止阿丰,并停下来仔细观察它,发现它又大又圆又黑的眼睛里显出很无奈,似乎还有些不理解:我又没有做错什么,那个小孩为何要这样惩罚我呢。阿丰的进攻还在继续着。这时,它将头上的两个长长的弯角,朝阿丰晃了晃,像是威胁似的告诉他,它有这样的拼杀利剑,可以随时对他实施猛烈反击。

谁知,阿丰又抓起一把小石子无情地扔了过去,它忽然大声嚎叫着,将四只蹄子从泥潭中拔了出来,一跃奔到了我们身旁干涸的浅滩上,溅起一片片污浊的泥浆。突然,我和阿丰变得紧张了,尤其是阿丰,报复的风暴在脸上消失殆尽,随之而来的是一阵阵颤抖,手里的石子掉在了浅滩上,人瘫坐在地上,闭上眼睛,叩头讨饶:黑牛,我再不惹你了,放过我吧!黑牛笨重的脚步来到阿丰身边,阿丰感觉大祸来临,滚动身子,微睁眼睛,只见它一步一步朝小河的一头走去,可走了几步又掉转身来,微微偏着头,把角对准阿丰。阿丰认为要报复他了,便赶忙捡起石子握在了手中,站起身来。没想到它睁着那双招牌性的大眼,跟我们对视了几下,向另一头走去,从我们身边走过时,清澈黑亮的大眼睛里,有一种罕见的平静与柔和。我为它的举动感到吃惊,此时此刻的它,完全可以踢脚甩尾,甚至用厉害的牛角把阿丰挑向空中,实施它的报复行为,最不济也得投个凶狠的眼神,发泄一下。可它却没有,它选择了宽容,好像还来了一个"你这个皮塌鬼"的轻轻一瞥,然后抬头往前,缓缓地走了,朝着牛棚的方向。我望着它的背影,觉得它庞大的躯体中透出的那种摄人魂魄的东西抹去了我对它的恐惧,并潜滋暗长出对它的敬意。大概阿丰也被它身上的一种力量与美德震慑到了,他丢掉了手里的石子，一屁股坐在地上，喃喃地说，那回准是误伤了我，我错怪了它！

随后，我们与黑牛的友情越来越深厚了。

我和阿丰曾背着草筐带它在雨后的黄昏，去很远的田间小路寻觅碧绿的嫩草，待它吃饱后，才往回走。一路上，尽管我们被沉甸甸的草筐压弯了腰直喘气，可也不忍心骑在它背上，然而，过河时却顾不上它了。我俩都是会游泳的，可草筐是个累赘，终究只得劳驾黑牛背我们。黑牛毫不犹豫地下水了，只露出两只弯弯的长角，偶尔也露个脸，喘口气，我们就好像坐在水面上。黑牛拖泥带水上岸时，我们赶紧跳下地来，从背着的草筐里，抓一把嫩草犒劳它。

冬天，我们会把稻草铡成一段一段的，堆到它面前后，就蹲在牛棚旁，看着它一头扎向干草堆，用舌头贪婪地卷着，大口大口地送进嘴巴里。待它饱食后，伸手轻拍它那圆鼓鼓的大肚子，侧耳细听它间或发出的反刍声。有时还用破木梳来回梳理它的黑油油的皮毛。黑牛呢，当然受用。两只大耳朵忽闪忽闪的，兴奋着哩！甚至，还用柔和的眼神瞅着我们，准是传达某种友情，多半是感谢吧。我们特别喜欢看它那双传神而又柔和的大眼睛，然而，看久了，却有一种伤感油然而生。因为，它的眼睛里总是水汪汪的，好像整天都在流泪似的，再多的云彩也抹不去它的忧愁。

黑牛打水仗情趣盎然。每逢夏季的午后时分，看牛的根根总会叫黑牛下河洗澡，那可是我们的天地啦！我和阿丰领着一串小伙伴，手里拿着瓶瓶罐罐，打着口哨向着挨近阿牛的河滩进发，我们先将瓶罐舀满水，然后，喊着口令，一二三，同一时间给黑牛泼水，一轮，又一轮，劈头盖脸泼过去，泼得它眼都睁不开。受到挑衅的黑牛，狠命摇头甩尾，一朵朵扬起的水花，淋淋漓漓溅了我们一身，我们笑着、闹着，泼得更带劲了。黑牛也跟着玩起了新花样。它整个身子，或蹲下，或站起，好似随着某种律动，弄出"霍落落"的阵阵水声，一团团水花随着巨大的水声，扑面而来，水声越来越响，最后跟我们的嬉笑声汇聚在一起，被阵阵凉风吹得好远好远。

在我们的生活中，黑牛成了不可或缺的朋友，它伴着我们快活地长大，它自己却渐渐地老了去。它已走过了二十多个春秋，原来浓密的毛发稀稀落落，乌黑油亮的表皮一摊一摊地灰白起来，并且粗糙不堪，有的地方成了"癫痫"。被肌肉包裹着的背脊骨耸凸起来，肚皮却软塌塌地耷了下去，从侧面看，弧度愈发变得大了。然而，它仍然以它苍老的身躯，背着沉重的犁耙，一步接一步，整天行走在田地里，有时，不得不停下一会，喘一口气，再继续前行。

有一回，我和阿丰放学路过黑牛耕地处，看到阿金正在黑牛身后举鞭抽打它，我顿感好像抽在自己身上一样疼痛，慌忙叫喊：不要打它！阿丰也跟着喊起来。可叫喊无济于事，阿金只管抽打它，还骂道，我叫你偷懒！叫你偷懒！饱受鞭打的黑牛，依旧悄无声息，只是，勉强加了些速度，可刚走了一截子，就口吐白沫，扑通一声倒下地来，吓得阿金不知所措。

别碰它！根根跨进水田，一把抓住牛鼻子，我和阿丰冲过去，狠命给了阿金一个白眼，然后，同闻讯赶来的大人们一起，七手八脚将黑牛扶了起来。只见浑身沾着泥浆的黑牛,耷拉着脑袋,吭哧吭哧喘着粗气,嘴角的白沫向周围蔓延,看起来非常疲惫。它忽然抬起迷茫的眼睛,眺望夕阳下的旷野,一颗颗浑浊的泪珠子滴落下来,滴在这曾经长满希望的田野里。暂时歇了一会,它又温顺地背着犁耙,艰难地爬行在这片它为之付出二十余年生命的土地上。

我们事后才知道,近来黑牛老是拉肚子,吃了药也不见好转,可还是不分昼夜地干活,倘若走慢了半步,准会招来一顿鞭打,它吃不消。因此,我们恨透了那个阿金,此后看到他就给他白眼。

就在这个冬天,黑牛病了。之前,只是年老体虚,现在是认真病了,病得还不轻。那些日子里,我和阿丰往牛棚跑得更勤了,并屡次恳求根根求医问药,还好,喝了药后,它又慢慢地得到一些恢复。

小学毕业考试临近了。那天傍晚,我和阿丰如往常一样,给它递草,喂水。起初,它欠了欠身子,试图爬起来,屡试屡败后,索性斜躺着,不动了,连嘴巴也懒得张一张,唯有那忧愁的眼神紧盯着我,我也抬起眼来,望到它眼睛里去。那种心有灵犀的感觉,刹那间传遍了整个身心。我倚着围栏,蹲下身来,依稀看到了它变黄了的稀疏皮毛,浑浊的眼睛,松弛的肚子,瘦削的脊背,无力的四蹄……看着看着,我眼前一阵黑,像下雨似的,泪珠一串串地披挂了满脸。我听见阿丰也在低泣。看不下去了,我双手捂着脸往家里跑了,可跑了两步,又停了下来,因为我好像听到了黑牛运足力气发出哞哞的低吼声,那凄楚的、细小的呼叫声在迷糊的黄昏里漾开。我竭力按捺着情绪，跟阿丰兵分两路，搬救兵。我快快找来了根根，阿丰紧跟着找来兽医，他们下死劲为它灌了药。

那天毕业典礼后，我跟阿丰忐忑不安地赶往牛棚。牛棚空空如也，刹那间，我们的心好像也被掏空了。待我回头望向仓库场上提着篮子的人群时，双腿便软了，跌跌撞撞挤到前面，但见杀牛的已把黑牛变成了一桶血、一个牛头、一挂内脏、一堆白骨和叠了几层发红的肉块。场边丢了一件男式土布黑衣，说是从牛头上扒下来的。为避免它受刺激，屠宰前，有人用那件黑衣，包裹住了它的双眼。那黑衣整个儿湿透了，好像刚从水里捞起来的，谁都知道，那是黑牛流不尽的伤心泪。因为它是有灵性的。据说，屠宰前那夜，黑牛不住地发出凄惨的叫声，那声音像是哀悼，像是哭诉，也像是告离。凄凉而悲苦中倾注着恋恋不舍。再悲情也不济，再留恋也无用，最终，黑牛在利刃下倒下，永远地离开埋头苦干默默奉献了二十余年的世界，连整个身子都被肢解成各种碎片，成了人们篮里的美味佳肴。少年的我，一颗脆嫩的心也被弄碎了……

以后的岁月里，我好像是在为自己捡破烂，一小块一小块慢慢地把心给拼起来，可拼了半个多世纪，还是没能拼全。

后记

我一向爱好读书。文学是我童年的一个梦。

上学了，父亲从上海回家探亲，除了大白兔奶糖外，多了几本文学读物。父亲是善于讲故事的，他一回来，我总要缠着他讲。父亲这次没讲，只是把几本书放在我的手里，说里面的故事比他讲的好听。于是乎，我就埋头下去。果然，我被吸引住了，有时吃饭都不愿放下。读完了，盼着父亲回家，带更多更好看的书。后来边读边摘下妙言警句，成了我的业余爱好。也许，从那时起，文学之"梦"在我心间透出娇嫩的翠绿的细芽。

1977年恢复高考后，我离开了生活过的美丽而古老的江南小镇，开始了长达七八年（包括在职进修）的漫漫求学路。其间，读了一些中外名著，对文学有了更深的钟爱，与此同时，创作并发表了一些小说，比如《书架》《大忙人》《最后的补充》《鞭炮声中的悲哀》等等，其中《鞭炮声中的悲哀》曾获得市里的文学三等奖。然而，成家后，家事公事挤压而来，空余时间日渐逼仄，文学之梦慢慢萎蔫下去。

人们都说旧梦难寻，但能否寻到旧梦，取决于旧梦的诱惑有多大。事实上，文学这个旧梦一直潜伏在我内心深处，从未远离。近年来闲了些，旧梦便从心底泛起，于是，我又开始了阅读与写作。

写作，我都是有感而发，灵感来了，就写上一篇。灵感无疑来源于阅读与生活，于我而言，更多的却来源于信息储备。那次女儿回来，递过一双簇新的紫色斜格中筒雨鞋，说是给我洗车用。接过来时，我竟皱起眉来，因为我想起了童年的雨鞋，于是，很快便把这灵感变成了作品——《永不失落的小雨鞋》。《记忆里的黑牛》也是这样，当我为街边一头待宰的黄牛感到无言悲哀时，自然想起了半个世纪前走过我生命里的那头黑牛，随后，又将这个灵感固定了。而《青柿子的滋味》中童晓琳的原型，则是我用全部余生在寻找的闺蜜——她的英年早逝，留给了我抹不去的伤痛。这伤痛，给了我灵感，而使灵感固定下来的过程，也是我对她深切缅怀的过程。

记得王安忆说过，时间像条河。这条河在我的身边默默流淌，一些落叶残荷，许多细石沙子流进了我心灵的河湾。把那些留下的，一点点地掏出来，过滤筛选，洗净晒干，分类固定，然后，将这些固定的，收藏起来保管好，是一件很有意义的事，我想。问题是，先收藏哪些呢？思来想去，还是决定从头收藏起来。于是，便陆续把描写人生起点——青春少年时光的十篇小说以及两篇散文（其中部分已在省、市级报刊上发表过），整理结集为《心语》。

《心语》，是其中一篇小说的题目，它既是里面主人公的内心独白，也是所有文章中主人公的心路历程。

《心语》的背景是二十世纪六七十年代的江南水乡。其中大部分作品，描述了一群少男少女相嬉相闹、相伴相长、相恋相爱的故事；其余部分则讲述了小主人公面对困难不屈不挠的精神，以及优良家风的传承等。《青春三部曲》——《燕归来》《心语》《马儿啊，你慢些走》，讲述了燕儿与阿龙曲折曼妙的情感历程。《心恋》讲述了女学生对老师充满敬仰与想象，由此产生的朦胧爱意，最后却是爱之源头"错置"了，一往情深成了空无所依。《只缘同根生》描写了一对同胞姐妹的情感纠葛。《白色公主裙》是一曲不向困难低头，用辛劳与智慧赢得胜利的赞歌，为当下养尊处优的小公主们，树立了一个榜样。《永不失落的小雨鞋》讲述了"我"与小雨鞋的真切感人的故事，而最终孙女拾起被她甩掉的小雨鞋，凸显了优良家风的传承。《话儿向谁说》讲述了特殊家庭里失却爱的孩子与无人搭理的空巢老人相互取暖的动人故事。《大哥牌菜泡饭》里的菜泡饭，不但伴随着"我们"度过了那段饥荒岁月，而且给了我们温馨，留下了隽永的生活情味。

在这里，我要特别感谢石惠泉同学。他对文稿字斟句酌，纠正了里面的错别字和不妥的标点，还对每篇文章做了精到的点评，并一再予以充分肯定与热情鼓励，让我获益匪浅，信心倍增。还要感谢我家乡可敬的老师、亲爱的同学和淳朴的父老乡亲，是他们给了我创作源泉。然而，《心语》毕竟是文学作品，即便有原型，情节却都是虚构的，望勿对号入座。

寻梦。徐志摩的方式是，"撑一支长篙，向青草更青处漫溯；满载一船星辉，在星辉斑斓里放歌"，而我的寻梦，便是这本《心语》。当然，这只是个开端。

翟玉平

2020 年 7 月

图书在版编目(CIP)数据

心语 / 翟玉平著.—上海：文汇出版社，2020.9
ISBN 978-7-5496-3281-7

Ⅰ.①心… Ⅱ.①翟… Ⅲ.①短篇小说-小说集-中国-当代 Ⅳ.①I247.7

中国版本图书馆CIP数据核字（2020）第159993号

心语

著　　者	翟玉平
责任编辑	徐曙蕾
装帧设计	高静芳

出版发行　　文汇出版社
　　　　　　上海市威海路755号
　　　　　　（邮政编码 200041）

照　　排　　南京理工出版信息技术有限公司
印刷装订　　上海颛辉印刷厂有限公司
版　　次　　2020年9月第1版
印　　次　　2020年9月第1次印刷
开　　本　　890×1240　1/32
字　　数　　136千
印　　张　　6.5

ISBN 978-7-5496-3281-7
定　　价　　35.00元